VV. AA.

(h)amor⁹
amigas

VV.AA., *(h)amor⁹ amigas*. Editorial Continta Me Tienes, colección **La pasión de Mary Read**

Primera edición: febrero de 2024

Segunda edición: febrero de 2024

Tercera edición: mayo de 2024

Cuarta edición: noviembre de 2024

Quinta edición: abril de 2025

Edición a cargo de Sandra Cendal

258 pp., 11,5 x 17 cm
Depósito legal: NA 19-2024 | ISBN: 978-84-19323-19-4
IBIC: JFFK Feminismo

Colección La pasión de Mary Read, 49

Continta Me Tienes
C/ Belmonte de Tajo 55, 3º C
28019, Madrid
91 469 35 12 ~ info@contintametienes.com
www.contintametienes.com

𝕏 @Continta_mt

f ContintaMeTienes

@contintametienes

Índice

(h)amor⁹ amigas

IMPOSSIBLE TO IGNORE

Elisa Coll

ELISA COLL BLANCO *(Madrid, 1992) se dedica a escribir, agitar, comunicar y navegar lo multidisciplinar. Es autora de* Nosotras vinimos tarde *(Amor de Madre, 2023) y* Resistencia bisexual *(Melusina, 2021), con el que se consolidó como una de las voces fundamentales del activismo bisexual del panorama actual. En los últimos seis años, sus charlas y talleres han pasado por universidades, centros culturales e instituciones de todo el territorio español y también de Argentina y Chile. Su trabajo ha abordado, entre otros, los temas de la amistad, el fracaso, las casas y el amor romántico, siempre desde un enfoque feminista y queer. Ha prologado los libros* Bi: Apuntes para una revolución bisexual *(Shiri Eisner, trad. Clara Bafaluy, Descontrol, 2023) y* Best friends 4ever *(Cris Lizarraga, Pikara Magazine, 2023). Sus textos han sido publicados en medios como* El Salto, elDiario.es, Vice *y* Vanity Fair. *Actualmente escribe su propia sección en* Pikara Magazine.

Impossible to ignore

ELISA COLL

La encontraron en la bañera de su habitación en el hotel Hilton en Londres. Había pasado aquellos días gélidos y extraños que seguían al comienzo del año grabando una nueva versión de *Zombie*. Aquel fue el primer día que lo vi.

Nunca seguí su trayectoria y no sabía nada sobre su vida personal, y sin embargo –o tal vez gracias a esto– la noticia de la muerte de Dolores O'Riordan se deslizó entre mis costillas como un temblor húmedo, difícil de compartir. The Cranberries me ha acompañado durante más años que la mayoría de las personas y su música llegó a ser para mí el rincón mullido y cálido en el que acurrucarme cuando la lluvia repiquetea contra las ventanas, no porque nada vaya mal, sino porque simplemente a veces llueve. De adolescente solía refugiarme en estas relaciones parasociales porque eran las únicas en las que la persona al otro lado no solo se arrojaba a la vulnerabilidad, sino que lo convertía en algo bello sin temor a compartirlo, y eso me fascinaba. Con dieciséis años, aun sin saberme habitante de un armario hábilmente decorado por mi propia capacidad para el autoengaño, la amiga que no sabía que me gustaba compartió en su perfil de Tuenti la canción *Free to Decide*. Inconsciente de esta ironía, pasé semanas subiéndole el volumen cuando saltaba en mi mp3 la voz desgarrada de Dolores retumbando en mi pecho como una brújula, en esa época en la que al fuego que nos crece dentro le falta aún puntería para saber hacia dónde arder.

Aquel fue el primer día que lo vi. Lo vi cuando abriste la puerta de casa y me dijiste «se ha muerto Dolores O'Riordan» y yo te dije «ya me he enterado». Lo vi y lo viste tú en mis ojos, el mismo dolor pálido y silencioso y las dos nos quedamos quietas por un segundo, reconociéndolo sin hablar. Fue un segundo. Solo llevábamos quince días viviendo juntas, nos habían conectado amistades en común que sabían que estaba buscando piso y me elegisteis a mí. Yo no sabía tu apellido la tarde en que nos sentamos junto a la mesa de ese salón que aún me era extraño. La casa estaba vacía, afuera un Lavapiés encapotado por los nubarrones. Sentí el impulso de hablar, esa maldita manía de aterrizar a la concreción del lenguaje aquello que simplemente flota. Pero no lo hice. Tú tampoco. Estábamos conectadas a un estado anímico tan concreto y a la vez tan abstracto que apenas mediamos palabra y ninguna rompió ese entendimiento animal. Te dije «¿cuál prefieres escuchar?» y me dijiste «*Dreams*» y encendimos una velita sobre la mesa de madera. Éramos dos desconocidas. No dijimos ni una palabra mientras nos acompañamos en la quietud de una despedida que no hizo falta explicar.

La música con la que he crecido está abarrotada de referencias al flechazo romántico y tal vez por eso durante tanto tiempo pensé que simplemente me gustabas. Usé los recursos que tenía en mi mano, sobre todo en esos días en los que tanto se hablaba de no monogamias. Lo achaqué a una atracción romántica solo porque era lo más parecido a lo que sentía cuando me arrollaba la ternura de verte doblada de la risa en el sofá por alguna tontería que se me había ocurrido decir. Pensé que me gustabas, como nos pasa tan a menudo a las que hemos crecido sin saber distinguir entre admiración y atracción. Pero esta vez el epicentro no eran ni una cosa ni la otra, si acaso ambas se enredaban en torno a algo mayor que no sabía explicar.

Pensé que me gustabas, pero lo que pasaba era que te quería. Te quería desde unas profundidades que no se correspondían al chapoteo en el que aún se encontraba nuestra amistad. Era un amor cavernoso y ancestral, un abismo oceánico cuya exploración requiere de todos los sentidos porque se hace a tientas. Reconocer ese amor fue hacerlo sin entender su naturaleza. ¿Cómo aproximarse a un lugar tan inabarcable que estaba ahí incluso antes que una misma? Había vivido flechazos amorosos, pero llamar a aquello «flechazo amoroso» era como llamar rectángulo a un trapecio. Y a lo mejor también me gustabas, de hecho sí, así era. Pero ahí no estaba lo importante.

Yo lo vi y tú también lo viste, pero no nos dijimos nada. Nos acompañamos en ese amor de la misma manera en que nos acompañamos en la despedida de Dolores: en silencio. Empezamos a dejar que las miradas duraran a veces un segundo más, que nuestros cuerpos se dieran un pequeñísimo apretón antes de separarse del abrazo tras una conversación difícil. Ese fue nuestro código. Nunca comprobé, nunca te lo pregunté para asegurarme, supongo que ese era el precio a pagar: no saber nunca con absoluta certeza si aquello era recíproco, porque verbalizarlo habría sido ponerle fin. Si fue una fantasía que me monté, bendita sea. Y si no lo fue en aquel momento, no me importa que lo sea ahora.

Llegué a contárselo a mi pareja. Bueno, le dije que me gustabas, porque entendía que esa era la parte que podía ser problemática. Así fue como lo formulé, a falta de palabras más acertadas. Me preguntó si quería hacer algo al respecto. Responder a esa pregunta me llevó varios días. En realidad, yo ya estaba haciendo todo lo que quería. Abrazarte durmiendo la siesta, hablarnos bajito, quedarnos hasta tarde deshojando conversaciones en el salón aunque al día siguiente hubiera que madrugar, y por la mañana encontrarnos en la cocina con los ojos hinchados de sueño y una mueca de sonrisa gruñona. Pero esa pregunta me permitió, por primera vez, disfrutar de que alguien «me gustara» sin necesitar hacer *algo* al respecto. Me llenaba de alegría quererte desde la quietud y atisbar reflejos de ese amor en la palidez de tus ojos o en tu forma de decir mi nombre. Qué liberación permitirme no tomar acción ni palabra ante un sentimiento tan fuerte, no necesitar hacerlo. Tal vez fue eso lo que me permitió explorarlo con tranquilidad, en solitarias excursiones a lo hondo que eran solo mías. Fue una especie de pacto omitido el nuestro, incluso cuando empezamos a decirnos que nos queríamos, como se acaban diciendo las amigas. Incluso ahí, esas palabras eran a veces un bosquejo de algo más grande que nos envolvía.

Por eso se hizo tan difícil lo que vino entonces.

Un tiempo después de que perdiéramos el contacto, volvió a ocurrirme con otra amiga. En nuestra primera conversación algo en mí supo que ya nos conocíamos. Con ella el entendimiento no vino tanto de sintonizar un lenguaje común, sino de nuestras propias similitudes. Tú, aun con toda tu pasión, eras una persona retraída, cauta, muy distinta a mí en muchos sentidos y en esa diferencia confluíamos de una forma muy exacta y nuestra. Ella era todo lo contrario: una llamarada sacada de la misma hoguera. Si nos hubiéramos reconocido de otra vida, habría sido la de dos caballos salvajes trotando desbocados por la estepa. Era valiente y tierna y con ella siempre se me encendían las ganas de alimentar ambas cosas en mí misma. Como tú, me tocó de una de esas maneras sobre las que solo se puede escribir de madrugada. Sin embargo, nosotras sí nos lo llegamos a decir. Yo no lo habría hecho, porque con ella dudé mucho más de si era recíproco, quizá porque no tenía dónde agarrarme más allá de una corazonada. Me limitaba a quererla con la mirada y la escucha y a abrazarla cuando me dejaba. Y una tarde dorada de verano, encaramadas a un muro de piedra, me dijo «tú y yo ya nos conocemos de antes» y yo apoyé por fin mi cabeza en su regazo y le dije «ya lo sé».

Los flechazos de amigas, las amigas que llegan a nuestra vida como flechas mucho antes de que se desplieguen los protocolos que marcan el desarrollo de una Amistad™, no aparecen en ninguna de las canciones que he escuchado. La amistad se retrata siempre como el resultado de un proceso, y lo es, pero no hay cabida en ella para la narrativa de los fuegos artificiales o del teníamos-que-encontrarnos, de ese presentimiento *impossible to ignore*, como susurró Dolores en nuestro pequeño homenaje. No existe una palabra que lo recoja así que escojo torpemente las que más se asemejan a este milagro, a este misterio que no soy aún capaz de explicar pero que existe. Creo que es esta falta de referencias lo que hace inevitable que aparezcan los paralelismos con lo romántico. Tampoco tengo muy clara la línea entre uno y otro, si la hay. Tal vez por eso a veces ambos flechazos colisionan o compiten por los mismos espacios, como bestias que se husmean, por muy feministas que intentemos ser. Y tal vez por eso algunos de estos milagros fueron perdiendo brillo cuando aparecieron parejas en la ecuación. Estamos aún estúpidamente convencidas de que es el sexo lo que marca la diferencia entre una pareja y una amiga, pero nunca fue esto lo que se interpuso entre nosotras, sino algo mucho más complejo. La intimidad. La vulnerabilidad total. A quién le cuentas primero un secreto o un anhelo o lo que te hicieron de pequeña. El monopolio por alguno de estos espacios, o por todos ellos. Y son estos, no el sexo, basta ya con el sexo, son estos los factores que nos acaban llevando a proyectarnos juntas.

Cuando se enfría una amistad con una conexión primitiva tan fuerte, el desgarro no es que sea mayor que con otras, pero sí es más evidente. Duele de otra manera no racional y es fácil (y duro a la vez) achacarlo a la presencia de una pareja que ocupa estos espacios con rapidez, con ese atajo que solo concedemos a los romances. Las conversaciones nocturnas, el apretón tras los abrazos, la forma de pronunciar un nombre van desapareciendo. Las amistades que no parten de ahí no se tambalean de esa manera ante esta situación, porque o bien se habían colocado en espacios diferentes, o bien se habían ganado poco a poco su lugar en estos de una forma más pausada, menos pasional. En cualquier caso, tienen menos en común con la pareja. Muchas veces ni siquiera las gestionamos con ella: ya están asentadas, a menudo a una distancia prudencial del núcleo volcánico y no son vistas como una amenaza. Son amistades que avanzan con lentitud pero también con el peso de una manada de elefantes, y por tanto el fogonazo de una nueva relación supone, como mucho, un pequeño desvío temporal en su ruta.

La noche que explotó el barrio nos enfundamos en nuestros abrigos y antes de abrir la puerta volvimos a mirarnos de aquella manera. Atravesamos el portal y salimos a un Lavapiés en llamas convertido en batalla campal. Los rugidos hacían temblar los edificios de ladrillo, los contenedores ardían frente al Centro Dramático Nacional y la policía, comprobamos con satisfacción, no daba abasto. Apenas habíamos empezado a callejear cuando al doblar una esquina se oyeron disparos y corrimos calle abajo. Nuestros pies pisaban con fuerza el asfalto a pocos centímetros de los casquetes de balas de goma que rodaron por las calles aquella noche de duelo rabioso. Nos detuvimos junto a un portal oscuro. En cualquier película frívola ese habría sido el momento del beso, pero nosotras éramos parte de esa marejada furiosa de impotencia y dolor, aunque únicamente pudiéramos atisbar una parte de su totalidad, y lo que brotaron fueron lágrimas y cuatro gritos a un vecino facha que salió a quejarse del jaleo. Juntas nos permitíamos mostrar todo aquello que sentíamos intensamente y que habíamos ido reprimiendo con los años por vergüenza o miedo a molestar. También la ira. La sensación de injusticia no la podíamos soportar, ni tú ni yo, por eso colisionábamos cuando la arrojábamos la una contra la otra. Una vez me confrontaste de tal manera, erguida y con los labios tensados en una finísima línea, que juro que vi el temblor de un relámpago asomar por tus pupilas. Pero hacía tanto tiempo que nadábamos en la tibieza, que ese gesto, lejos de abrir una brecha, me hizo sentir que aún quedaba algo de aquella conexión entre nosotras.

Nadie más murió aquel año. Las velitas del salón me las llevé cuando me fui del piso.

He conocido a más amigas-flechazo desde entonces y las he reconocido también en el pasado, al echar la vista atrás después de salir del armario: no, no todas las amigas a las que admiraba en la adolescencia me gustaban, o no solo. Algunas de ellas llevaban consigo esta magia eléctrica que erizaba la mía y que me hacía descubrir recovecos escondidos a los que mis inseguridades adolescentes no me permitían acceder. Es una pena que, pasado cierto nivel de intensidad, se fuerce siempre esa reformulación de los vínculos casi infantil: si tu amor por alguien entra en este terreno, significa simplemente que *te gusta*, así que rápido, rápido, ¿cómo la convertirás en tu pareja? ¿Qué *harás* al respecto? Y no es que me sorprenda, en un fulminante contexto de hipervelocidad capitalista, que también esto haya sido tocado por esa urgencia de la acción. Que se niegue el espacio para el disfrute quieto, fascinado, intuitivo, observante. ¿Cómo monetizamos eso?

Por suerte, la mayoría de los caminos que he cruzado con estas amigas no se desdoblaron desde el desgarro, sino con el flujo natural de un riachuelo que se va bifurcando y volviendo a unir varias veces en su travesía hacia el mar. Casi todas llevan sus vidas a kilómetros de la mía y nuestros encuentros están espaciados por meses, incluso años, que no siempre necesitamos rellenar con mensajes de «¿qué tal vas?» y «¿tú qué tal vas?». Simplemente, ocurren. Y se sienten como un reencuentro con un joven amor que, por haber sido arrancado de cuajo demasiado pronto, dejó para siempre una cierta sed de regreso. Por eso los acercamientos espontáneos se hacen tan intensos y las despedidas tan repentinas. Son un recordatorio de lo esencial, un regreso al centro de nosotras mismas. Sofía escribiéndome para decirme que en dos horas viene a Barcelona y que vayamos a merendar y acabar la noche hablando con ojos brillantes del miedo a la muerte. Cris zambulléndose en el mar mientras sonrío sentada en la orilla tras meses sin vernos, porque bañarnos es más importante ahora que contarnos este problema y el otro. Clara, que no sé ni dónde estás ahora, amiga, pero que en una sola conversación

aquella tarde primaveral en la Plaza de la Ceba-
da conseguiste que lo dejara todo para comprar
un billete a la otra punta del planeta. Laura, a
cuya vida ahora solo me asomo por el espejismo tramposo de las redes sociales, más dulce y
valiente de lo que nunca seré.

Yo miraba la llamita titilante de la vela porque
me daba vergüenza mirarte a ti. La canción
terminó y no nos movimos, así que empezó
a sonar *Just My Imagination*. Qué otra cosa
podía pasar, si nuestro primer vínculo fue el
de honrar la muerte de una persona a la que
nunca conocimos. En las paredes colmadas de
plantas resonaron aquellas palabras como una
premonición agridulce: «*We were living for
the love we had, living not for reality*». Años
más tarde busqué información sobre Dolores
O'Riordan y resulta que estaba en contra del
aborto. Me dio igual. Y es que aquella tarde
realmente no rendimos homenaje a su persona. No hicimos un juicio racional que probablemente habría terminado en cogerle manía,
sino que honramos una parte de su ser, mágica

e innegable, que nos tocaba y unía a las dos. Y tal vez, de habernos conocido de otras maneras, nos habríamos cogido manía nosotras, tal vez idealizamos las partes de la otra que aún permanecían en la sombra. Tampoco me importa. Hay una verdad quebrada y tan bella escondida en el fondo de este enigma que fuiste, que eres, que sois. Y aunque luego nos esperara la distancia templada y la cordialidad, lo que atesoro es aquel presente. El presente en el que fuimos casa y catedral, un rincón mullido para los días en que simplemente llueve.

Supongo que lo que quiero decir es que a aquello que nos hizo estremecer siempre merece la pena encenderle una velita.

Yo soy porque nosotras somos

Mujeres, Voces y Resistencias

MUJERES, VOCES Y RESISTENCIAS *somos una colectiva conformada desde 2019 por mujeres migrantes y racializadas diversas que habitamos la ciudad de Valencia. No somos solo un grupo o un proyecto, somos una apuesta política por la amistad, el cuidado, la comunidad y la alegría. Acogemos distintas expresiones feministas y antirracistas, buscando denunciar las violencias que atraviesan nuestras vidas y sobre todo desde nuestras voces visibilizar las resistencias y tejidos que creamos juntas en este territorio.*

Yo soy porque nosotras somos[1]

> *Soy mujer y un entrañable calor me abriga
> cuando el mundo me golpea. Es el calor de
> las otras mujeres, de aquellas que hicieron
> de la vida este rincón sensible, de piel suave
> y tierno corazón guerrero.*
>
> Alejandra Pizarnik

Querida amiga política, querida compañera de vida:

Quiero iniciar esta carta convencida de que nos servirá para pensarnos y reconocernos dentro

---

[1] «Ubuntu es un modo de vida, una filosofía basada en los principios básicos de la lealtad, la humildad, la empatía y el respeto. Estos conceptos toman sentido completo y dan forma a la mentalidad y los ritmos sociales de Sudáfrica»: https://afrofeminas.com/2021/06/16/ubuntu-yo-soy-porque-nosotros-somos/

de nuestras complicidades, porque sé que juntas anhelamos construir un hogar nuevo. Te siento escribiendo a mi lado, mientras cocinamos, mientras trabajamos, mientras hacemos fila en las oficinas de Extranjería.

Cuando te miro veo una mujer sencilla, pero compleja. Fuerte y vulnerable. Alegre y rabiosa. Eres dulce y ácida. Tienes café en la sangre, tienes merkén en las venas. Ese es el sabor que traes de tu tierra y que alimenta nuestro grito frente a la injusticia del reino. Me llena el corazón cuando te veo en la calle a mi lado y marchamos juntas para cambiar las cosas. Inventamos pasos, bailes, máscaras, vociferamos discursos y planeamos acciones. Me recargas cuando llegas (a la hora) a cada asamblea, a cada jornada de trabajo, cuando traes tu frutita, tus masitas y los dulces que tu mamá te enseñó a hacer por allá lejos, al otro lado del mar.

Me gusta cuando te ríes a carcajadas hasta que te salen lágrimas (o te meas). Me gusta escucharte porque eres inspiradora y conduces mis incertidumbres. Eres inteligencia hecha acción, AMAS la lucha contra el opresor, ODIAS la inconsciencia del privilegio. He visto que tienes armas filosas, resistentes, y también traes vendas y povidona para cuando nos equivocamos y nos hacemos daño. Intentas reparar lo que rompes.

¡Eres profundamente amorosa, políticamente amorosa!

Querida amiga, quiero decirte que admiro tu bagaje, la energía que desprendes, la sensibilidad que te caracteriza, y este tacto por decir las cosas, por cuidar los detalles y tu valentía. Todavía recuerdo las primeras charlas que hemos dado juntas, con la garganta seca y con las manos temblando, pero juntas, animándonos a hablar por primera vez en público. Valoro todo lo que he aprendido de ti, sobre tu cultura, tu vocabulario, tu comida, sobre tu lucha contra las injusticias, y esta mujer berraca que eres. Tu amistad para mí es este cordón de seguridad en las manifestaciones pero que no se desarticula nunca, porque contigo me siento protegida, respaldada, porque contigo me siento segura.

Cuando la ternura radical es motor y es bandera, con el cuidado al centro tumbamos los pilares de un sistema que nos quiere pequeñas, divididas y en silencio. Porque este sistema ya se ha encargado de mantenernos separadas, de despojarnos de las memorias colectivas de mujeres, de ancestras, de brujas. Han lastimado nuestros cuerpos, nos han querido como competencia. Y ¡no quiero ser cómplice!, quiero salir de ese absurdo, porque sé que estamos cansadas de tantas violencias machistas, racistas y coloniales, y te necesito, amiga, para colectivizar nuestras resistencias, para celebrar nuestros espacios, para desobedecer al sistema. Porque creo que las complicidades políticas desde la amistad son las más difíciles de construir y estoy segura de que este ha sido un trabajo muy complejo, amiga.

Y es que las estructuras verticales a veces emergen, los tiempos capitalistas a veces nos comen y el cansancio también nos llega. Desde el cariño y el respeto, hemos atravesado momentos de conflicto. De ti y de este proceso colectivo, he aprendido a perderle el miedo a confrontar-nos, a poner límites. Porque, aunque tengamos desacuerdos, sé que no eres mi enemiga. Simplemente, a veces, necesitamos nuestros espacios, a veces necesitamos sacar la rabia y permitirnos sentir todo eso que no nos dejaron desde pequeñas, por tener que ser «niñas buenas». ¿Te ha pasado, amiga? Porque a mí sí, y cómo duelen las emociones invalidadas. A veces nuestros dolores nos hieren, y aunque no lo hagamos a propósito, en ocasiones nos hemos herido.

Amiga, a veces nos hemos juzgado, nos hemos quebrado, nos hemos fallado, nos hemos distanciado. Porque no siempre hemos estado en la misma sintonía, porque cada una tiene sus procesos.

Pero, ante todo, amiga, sé que queremos construir nuevas relaciones, hemos aprendido a escucharnos, a (re)conocernos, a (re)conectarnos y a reparar para aceptarnos. Y puede que un día elijamos otros caminos y me sentiré tranquila de saber que donde sea que te encuentres, encontraré en ti un abrazo cálido, una sonrisa honesta, los bailes compartidos, la complicidad rebelde, las comidas con sabor a cilantro, aguacate y comino que nos permitieron construir hogar juntas. Porque la amistad política hay que alimentarla y no me imagino mejores sabores que estos para hacerlo.

En nombre de esta amistad política, te agradezco por la mano tendida cuando la necesito sin que la pida, que sepas que a tu lado quiero estar y estaré siempre, luchando por este cambio que tanto anhelamos. Te quiero decir que, aunque para ellos somos «las otras», aunque se nos homogeniza, sabemos que somos diferentes, porque venimos de distintas partes de la orilla. Pues, que esta otredad sea este vínculo amoroso que nos une políticamente: nuestra arma para combatir una al lado de la otra.

Porque te digo, amiga, nuestra unión genera miedo al sobrepasar las comprensiones y, al mismo tiempo, trae consigo esta rebeldía que rompe sus mandos, y es que la vida de este lado del charco se vuelve menos dura gracias a la amistad que hemos construido desde la lucha, la fuerza y la empatía.

Gracias a ti y a las demás, mi voz se siente segura de danzar libre por espacios abiertos, donde lo privado se vuelve político y mis ganas de quemarlo todo se convierten en fuerzas transformadoras porque **ya no estoy sola**. Donde antes había miedo e inseguridad, hoy existe una red que me protege cada vez que siento saltar al vacío. Nos encontramos en un espacio colectivo que nos permite soñar en conjunto, un horizonte común por el cual trabajar para, así, transformar esta realidad patriarcal y colonial. Un horizonte feminista y antirracista que impregna el camino que vamos recorriendo.

Si bien existen otros espacios militantes y activistas, este es un lugar particular, porque lo hacemos con cariño y amor, porque a pesar de que podamos tener diferencias entre nosotras, nos cuidamos y buscamos reconocernos en la otra. Es un espacio en el que existe un deseo y una propuesta de construir conjuntamente, y de que la voz que se escuche sea la colectiva y no la individual. No es que sea fácil, muchas veces la nostalgia de amistades políticas en otros lugares nos invade, pero basta un baile para conectar con donde estamos ahora y con quienes compartimos este recorrido hoy.

Amiga, te cuento: me he sentido poderosa, apoyada, cuidada, amada y arropada cuando estamos entre nosotras, para contarnos sin atajos, ni tapujos en la lengua, los malestares vividos en el tropiezo migratorio en que nos encontramos. Estamos aquí, unidas colectivamente, para darnos la mano y escucharnos cuando queremos sacar fuera la rabia que llevamos dentro, las quejas por los abusos sufridos, las ganas de gritar, de insultar o quemar a un sistema machista, racista y clasista que nos machaca y nos deshumaniza. Pero, también, estamos para esos momentos de alegría, de logro, de celebración, para aplaudir, felicitar y motivarnos como bien lo sabemos hacer.

Ha sido un regalo encontrarte y muy reconfortante para mí saber que cuento contigo, una compañera de viaje valiente y decidida. Pensarnos juntas para construir una relación transparente y honesta, acuerpar las ideas de la otra sin perder el criterio propio. Tener un profundo reconocimiento de la otra, ser capaces de trascender y fluir de lo personal a lo político. Ha sido, y es, un proceso de construcción continua, siendo conscientes que construir desde el respeto, el afecto, la confianza y el compromiso, implica un esfuerzo de deconstrucción en la vida diaria. En este proceso de aprendizaje nos hemos apoyado colectivamente y desde la horizontalidad asumimos nuevos retos, rotando roles y responsabilidades entre todas.

Con nuestras historias y sentires propios, tejemos estrategias de supervivencia y creamos un espacio seguro. Porque hablar sobre amistad política implica hablar de los dolores, de las heridas y de los amores. Y no basta con politizarnos, quiero complejizarnos desde nuestras diferencias, desde nuestros recorridos migrantes que nos han traído hoy a esta *terra, la València de l'horta verda i la mar Mediterrànea.*

Se me vienen a la mente ahora los recuerdos de este camino migrante, en el que al principio estábamos solas y en el que hoy podemos tener la certeza de que no lo estaremos más, porque esa red que estamos tejiendo es de un material flexible que no se rompe; más bien, se hace más fuerte con cada tropiezo y con cada aprendizaje, reflexión y debate sobre lo que nos hace bien y que nos permite pensar en cómo trabajar para transformar lo que nos hace mal. Nuestra lucha colectiva desde el corazón, y tu amistad para acuerparnos y repensarnos con el fuego de nuestra diversidad, me ayuda a resistir.

En la construcción de esta amistad política he aprendido a valorar la amistad sincera, producto de conexiones profundas y diálogos fraternos que no juzga ni aparta. Una amistad que arropa durante el día a día y protege de un sistema que desea quebrantarnos y arrebatarnos el cariño que nos mantiene en pie. Una amistad que trasciende los espacios físicos, y que ofrece un hogar cálido lleno de conversaciones donde se narra el pasado, se resiste el presente y se construye futuro. En este proceso he aprendido que sola no puedo transitar en esta vida, no porque sea débil, sino porque nuestra amistad política es poderosa y hace temblar a este sistema machista, racista y opresor.

Mi querida amiga, voy terminando esta carta, pero quiero contarte que la vida lejos de mi familia ha sido más amena gracias a mujeres como tú que me han sostenido, a mujeres como tú que son mi refugio en mis momentos de bajón, pero que también son esas primeras personas con quien comparto mis alegrías. Tu amistad ha aliviado mi duelo migratorio y ha alimentado mis fuerzas y mis defensas. Mi fortaleza son nuestras quedadas en tu casa o en la mía, recibiéndome con incienso, con comida rica y con carcajadas, pero también desahogos, llantos y pañuelos; llantos necesarios, llantos en un lugar seguro, mientras veo tus ojos llorosos y que terminan con un abrazo que me seca las lágrimas de dentro.

Amiga, hoy soy porque nosotras somos, hoy nuestra venganza es escribir en colectiva, es tejer, es abrazar y contener. Y es que la sororidad no es suficiente para mí, porque nosotras somos de los sures, de los márgenes, de las fronteras y nuestra amistad necesita encontrar brechas y fisuras, porque nuestra amistad quiere quemar la Ley de Extranjería, nuestra amistad quiere que gritemos cuando haga falta, nuestra amistad me permite elegirte a ti, amiga, y que cada vez que me dicen: «¿por qué no te regresas a tu país?», piense que ese «país» ahora eres tú.

¡Qué bonito es poder decirte todo esto! Quisiera gritar al mundo que, aunque nos quieran fuera, calladas y ausentes, no les está funcionando. Porque ¡NOS TENEMOS! Somos familia, confianza, compromiso, comida y fiesta (cumbia preferentemente), justo lo necesario para sostener la vida… Vamos por ancho camino, amiga, sigamos soñando juntas.

Gracias por compartir un pedacito tuyo en cada reunión, cada comida, cada baile, cada festejo, cada taller, cada charla y todos esos momentos en los que nos juntamos.

Gracias por ser abrazo y oído, y puños, y fuego.

Gracias por dejarme ser en colectivo, por gritar cuando el silencio oprime, por bailar a mi lado cuando la música es ruido y el odio se respira en el aire.

Querida amiga, eres tú mi resistencia[2].

---

2 Este texto ha sido escrito colectivamente por 12 mujeres migrantes provenientes de diferentes territorios y que habitamos hoy la ciudad de Valencia, y conformamos la colectiva Mujeres, Voces y Resistencias.

Mundos que hacen el amor

La posibilidad de las amigas-amantes

Sara Torres

SARA TORRES *(1991). Su trabajo teórico-creativo se centra en el análisis del deseo, cuerpo y discurso. Doctora por la Universidad Queen Mary de Londres con la tesis:* The Lesbian Text: Fetish, Fantasy and Queer Becomings. *Máster en Critical Methodologies en King's College London. Con su primer libro,* La otra genealogía, *ganó el Premio Nacional de Poesía Gloria Fuertes. Ha publicado también* Conjuros y cantos, Phantasmagoria *y* El ritual del baño. *Su novela* Lo que hay *(2022) recibió el premio de los libreros a autora revelación del año. Colabora regularmente con universidades, fundaciones culturales y centros de arte.*

Mundos que hacen el amor
La posibilidad de las amigas-amantes

Sara Torres

La necesidad de reconocimiento da lugar a una paradoja. El reconocimiento es esa respuesta del otro que hace significativos los sentimientos, intenciones y acciones del yo. Le permite al yo darse cuenta de su agencia y autoría de una manera tangible. Pero tal reconocimiento solo puede provenir de otro a quien nosotros, a su vez, reconocemos como persona por derecho propio.

Jessica Benjamin

Porque no eres yo, te amo.

Te deseo porque no eres yo.

Es decir: aquello que antes de conocerte era yo, mi memoria y experiencia del mundo, desea moverse hacia ti y hacia el lugar donde tu mundo y tú existís.

Porque posees una vida, diferencial y misteriosa, deseo tu mirada. El reconocimiento y la dulzura. Existo, tengo un nombre que pronuncias. Nuestros nombres son un lugar especial en el lenguaje.

*

Nos cruzamos. Pasa un periodo de avance, la una tanteando a través de la otra.

De pronto existimos también con nuestros nombres trenzados.

En algún momento ocurrió, se comenzó a hilar una historia común.

Me complace descubrir mi nombre en amalgama contigo. Mi nombre en tus días, en tu boca. El regusto se parece a una victoria. ¿Una victoria? La de las afines sobre el tiempo. Empeñadas en sostener una nueva memoria compartida.

We always make love with worlds.

Deleuze y Guattari

*

¿Cómo saber que somos amigas? ¿Que te amo como a una amiga? A muchxs apura la necesidad de dar una respuesta ante esta cuestión.

*

Les diré:

Somos amigas porque deseamos una conversación íntima.

Es decir, fuera de la tutela de un Otro.

La posibilidad de una conversación íntima

Lejos de la influencia del poder

Sobre nuestro habla y nuestra imaginación

Deseo de intimidad:

A veces necesitamos hablarnos de un modo en que no hablaríamos si alguien más pudiera escuchar.

*

Diré:

Porque admiro y no celo. Me entrego y no celo. Estoy en relación de amistad.

Eres mi amiga pues no necesito hacerte desaparecer dentro de mí, tu libre albedrío no me causa ansiedad. Es, por el contrario, causa de admiración.

Deseo ser en tu mundo, mezclada contigo, pero el misterio de tu mundo no despierta pasiones tristes, mi deseo por ti no tiene el tipo de potencia cuyo reverso es la angustia, no necesito incorporarte ni reducirte, como sí he necesitado antes borrar el misterio de otra para crear con ella una pareja.

*

Dos amantes que dejan de ser amigas:

Ella-yo, una pareja asimilándose la una en la otra y luego el terror a la diferencia entre su deseo y el mío.

El peligro de su voluntad ajena a mi voluntad. De su sexualidad ajena a la mía.

*

A diferencia de la pareja cuando no está vehiculando la amistad, a diferencia también del vínculo de enamoramiento feroz, no necesito pactar constantemente contigo, porque tu libertad, tu alteridad y tu diferencia no me hieren.

Soy amiga, mi cuerpo en la amistad no presenta los signos que los griegos atribuyeron al cuerpo golpeado por eros:

> *Otra vez Eros que desata los miembros*
> *me tortura,*
> *dulce y amargo,*
> *monstruo invencible.*

Safo

Enfermedad, debilidad de los miembros, temblor del habla, celosía. Impulso de reducción. Necesidad de que el tiempo de la otra se detenga para sincronizarse con la voluntad de nuestro tiempo de enamoradas.

*

Mientras, a nosotras dos ¿qué nos hace amigas?

No necesito que seas «lo mío» para que el sentido de mi vida se sostenga.

Aun así, sostienes mi vida, y la idea de tu existencia es mi esperanza.

Esperanza de belleza, de una vida que me gustaría vivir.

¿Esperanza?: significados alegres, confianza en la posibilidad de encuentro.

Recursos de la imaginación para seguir viviendo de forma creativa.

*

Soy amiga, aunque deseo el encuentro, puedo esperar.

Pienso en ti dulcemente.

Quiero compartir contigo. Me imagino compartiendo los pequeños gestos: el desayuno, la conversación antes de dormir, el abrazo.

«Eso se desea de la amante», dirán.

Sí, pero no solo. La amante es amiga cuando no es objeto de ansiedad: la amiga-amante.

Mientras, la amistad puede existir con y sin sexualidad. Con o sin mutualidad en la atracción sexual.

Esta es la propuesta. Es la hipótesis. Camino creativo del concepto.

*

Te miro y me pareces tan bella. Quiero verte atravesar los pasillos de mi casa en la mañana. Prepararte un baño. Que la perra se alegre al verte y te reciba con brincos.

Deseo que tengamos una intimidad no compartida con nadie más. Deseo que sea posible tiempo a solas.

Enferma y débil toleraría tu presencia a mi lado, porque confío en el amor de tu mirada, que te hace benevolente.

Podría escribir un libro contigo. Criar a una yegua, una niña. Me resulta bella la idea de estas cosas.

*

No me muero de amor. El amor me atraviesa sin torturarme.

Tu cuerpo me ha atravesado y me ha encontrado tierna, abierta, esperando. También deseé encontrarte tierna y abierta. Regalo de pasividad: me dejas hacer en ti. Regalo de pasividad: te dejo hacer en mí. Nos amalgamamos sin terror a la pérdida. No es un fantasma que acompaña nuestra historia, la idea de la falta no nos interrumpe, pero si nos perdiésemos, el desenlace requeriría un duelo.

¿Una pérdida no anticipada ni temida? Tal vez sería peor, constitutiva de otro modo: el susto inesperado de perderte. Si tú decides imponer distancia e irte, sería lo in-imaginado: perder a una amiga sin aviso previo, sin haber faltado a una demanda explícita. Habiendo violentado un pacto invisible.

Si tú te vas, yo sospecharé de una falta en mí más verdadera que mis otras faltas.

* * * * * *

En una entrevista de 1981, Michel Foucault situó la amistad como forma de relación central que sostiene el amor no heterosexual. Lo hizo para resistir la capitalización y la asimilación, por parte del sistema heterocentrado, de las experiencias afectivas queer, y así afirmar nuestro imaginario en un espacio al margen de la fantasía productiva y reproductiva.

Al pensar en la amistad como modo de vida, Foucault reivindicaba las subculturas del placer, la economía y los cuidados que los amores no normativos habían desarrollado desde los márgenes del modelo heterosexual y monógamo.

Volver sobre lo dicho:

— Amistad es aquello que ocurre entre personas afines (en distintos aspectos de su personalidad) que se dedican fuerza vital, atención y tiempo. En mi idea de amistad, la amiga se reconoce como una otra, con una vida y una voluntad distintas a la nuestra, pero que en su alteridad es cómplice. La amistad ocurre cuando la otra desea nuestro bienestar a pesar de los conflictos de intereses concretos que podamos tener.

— No toleraríamos que el malestar de la amiga fuese un medio para alcanzar nuestro deseo.

— La amante, si no es amiga, desaparece bajo nuestro deseo que exige y demanda de ella un relato, una fantasía.

Un tema de moda:

Bocas llenas celebrando la amistad. Luego pronto resbalamos lejos de los sueños colectivos de construir la vida juntas. Buscamos con ansiedad la pareja, piedra central en lo simbólico.

La posibilidad de una vida juntas. No en los ratos libres que deja la familia.

No en el después, en el descanso de «la realidad», en el afuera. La posibilidad de una vida nuestra no ocurrirá hasta que la idea de amistad como modo relacional capaz de sostenernos esté presente en nuestro inconsciente. Hasta cambiar la idea, nuestras prácticas de la amistad no serán aún la materialización de aquello que la amistad puede llegar a ofrecernos.

Necesitamos «creer» que la amistad, y no el amor-pareja, puede ser el modo relacional que asegure una supervivencia alegre.

Ya lo hace, de hecho. Recurrimos a ella antes y después del fracaso de la fantasía romántica. Acudimos a ser salvadas por la amistad, con necesidad, pero sin fe.

La fe para muchxs continúa secretamente, inconscientemente, reservada para el amor romántico.

Mientras tanto la esperanza de una nueva educación.

*

El apego no es otra cosa que la insuficiencia para sentir la realidad. Nos asimos a la posesión de una cosa porque creemos que si dejamos de poseerla deja de existir.

Simone Weil

Reconozco la insuficiencia, deseo sentir la realidad en relación con otras.

Elijo no significar la insuficiencia como algo negativo.

Los apegos alegres, mundos que hacen el amor:

A partir de la cita de Weil quizás podamos intentar redefinir el apego sin implicar la posesión, y justificar que estos dos términos pueden estar contingente pero no necesariamente relacionados. La posesión es dañina en cuanto que el sujeto cree estar en derecho de intervenir sobre la vida o la voluntad de aquello que ama, y cree además que, por recibir la otra su amor, entra en crédito. Poseer implica ostentar poder sobre una relación, un poder que se desea estable: poseer es desear tener de forma estable control o influencia sobre lo amado.

El apego puede reconocerse como afecto que nace en el cuerpo propio y se dirige hacia lo externo para que lo ajeno llegue a formar parte de lo íntimo. En la amistad alegre el apego mutuo no se traduce en posesión, no limita la potencia vital de la otra.

Mi propuesta para un concepto de amistad sugiere que nos vinculamos amistosamente cuando no media la asimilación de la otra por identificación con el yo; es decir, el movimiento de la psique que lleva a reducir el misterio de la otra a una extensión del yo para así controlar la ansiedad que nos produce su diferencia.

En caso de asimilación, la otra entra en el terreno del ego, no tanto como posesión sino como extensión de un yo que ha de ser controlado, que ha de actuar según una lógica moral y una fantasía de lo deseable.

La pérdida de control sobre la otra que ha sido asumida como parte del yo en la posesión amorosa implica para el sujeto una ansiedad de pérdida de control sobre la propia vida y los significados del yo.

Pacto con la pareja para que su existencia, su libre albedrío, no me dañe. Al necesitar el pacto silenciosamente digo:

«Tu libertad y mi bienestar están fatalmente ligados».

«Las prácticas de tu libertad que no negocias previamente conmigo implican una pérdida de mi libertad, pues producen en mí una ansiedad que no me permite continuar con mi vida».

*

La amistad como modo de vida rompe el conjuro, rompe el maleficio.

COMENTARIO DE TEXTO
DE DOS AMIGAS

Anna Pacheco

ANNA PACHECO *(Barcelona, 1991) es periodista, escritora y guionista. Máster en Antropología Social en la UB. Es coautora del podcast* Ciberlocutorio *en Radio Primavera Sound. Pone el foco en temas sociales, feminismos, trabajo y cultura popular con perspectiva de clase y género. Sus textos, con un fuerte tono inmersivo y narrativo, han sido publicados en medios como* El País, El Diario, La Marea, El Salto, Vice *o* Playground. *En su día a día, edita textos, colabora en radio o televisión, imparte talleres o trabaja como guionista por encargo. Ha participado en antologías diversas tanto de ficción como de no ficción.* Listas, guapas, limpias *(Caballo de Troya, 2019) es su primera novela de ficción. En febrero de 2024 saldrá publicado su ensayo* Estuve aquí y me acordé de vosotros *(Nuevos Cuadernos de Anagrama).*

Comentario de texto de dos amigas

ANNA PACHECO

Tema libre

En el año 2020, la *Revista Aisge* me pidió un cuento de temática libre y yo escribí sobre la amistad o, mejor dicho, sobre dos mujeres que parece que no se soportan pero que siguen quedando muy de vez en cuando. El cuento se titulaba «Tenemos que vernos más»[1]. Volví a él después de unos años y, como pasa a veces, sentí que: 1. No lo había escrito yo. 2. No me caían bien las protagonistas. 3. Si era cierto que yo había escrito eso, entonces debí

---

[1]. Pacheco, Anna (2020), «Tenemos que vernos más», en *Revista Aisge* (Artistas Intérpretes, Entidad de Gestión de Derechos de Propiedad Intelectual), https://www.aisge.es/nuevas-voces-anna-pacheco (30.11.2023) [N. de la E.].

de hacerlo con un corazón extrañado, como si fuera el corazón de otra persona dentro de mi cuerpo y no supiera muy bien cómo ni dónde colocarlo.

Lo que sigue son una serie de ideas ampliadas sobre la amistad que creo haber ido dejando en libretas privadas, webs remotas y tweets. Ahora pienso que todo este tiempo solo estuve escondiendo papelitos en los cajones de internet. Tal vez, solo estaba reclamando la atención de una amistad que yo sabía que estaba marchando. Aunque, desde su punto de vista, la que se marchó fui yo.

El cuento que publiqué en la revista titulado «Tenemos que vernos más»

«Esto no puede ser, quedamos yaaaaa y nos ponemos al día». Dos mujeres se dicen esto y al cabo de veintiocho días, finalmente, sucede. Se ponen de acuerdo en quedar en el bar Taboré, el que está al lado del trabajo de Cleo, en el que siempre hay sitio y que tiene terraza, y que queda a medio camino del trabajo de Diana. Las dos trabajan a 15 números la una de la otra, comparten estación de metro, pero nunca se han cruzado de forma accidental, no se sabe muy bien por qué. Resulta que siempre tienen que citarse con mucha antelación para verse de nuevo.

La verdad es que a las dos les gusta trabajar por esa zona, y Diana incluso se ha buscado un piso en la calle Fabenci. Desde hace un año va por ahí diciendo que es del barrio. Cada vez que lo dice, abre mucho la boca, le gusta su nuevo barrio clasemediano. Todo esto, por supuesto, no lo sabe Cleo. Tampoco sabe Diana que justo a dos calles de su nuevo piso vive el fisioterapeuta de Cleo, un tipo que se ajusta a la definición genérica pero eficaz de ser «un alto» y de ser «un calvo». Cleo va regularmente a la casa de ese hombre. Suele ir al mediodía a rehabilitarse la rodilla. Tuvo un accidente de tráfico del que tampoco se enteró Diana. Sufrió una fractura en la rótula y policontusiones, nada muy grave al final. Tampoco le iba a escribir *solo* para contarle eso. De hecho, no le iba a escribir para decirle nada (pero mucho menos eso). La verdad es que se pasó la baja viendo series y no echó de menos a nadie. Sus amistades pasaban a visitarla. Su novio, Edgar, le preparaba la comida. Cleo pensó que se vivía muy bien sin trabajar. No quería que le dieran el alta, pero un día se la dieron. La rodilla mejoró y todo iba estupendamente, eso decían los médicos.

Puede ser también que Cleo y Diana hayan coincidido, alguna vez, comprando comida al lado del fisio, en un restaurante de menú barato pero con una estética de restaurante caro. Hay lugares así, que exhiben la contradicción como un signo de vanguardia. También sucede al revés: restaurantes con estética barata que son caros. En cualquier caso, es imposible que no se hayan cruzado ninguna vez; el tartar de los jueves está buenísimo. Las dos lo saben. Claro que esto importa poco. Estas mujeres nunca se han cruzado sin hacer algún tipo de esfuerzo. Todo el mundo necesita algo de esfuerzo para verse, pero ellas más que el resto.

El día en que quedan, Diana avisa a Cleo por mensaje de que también tiene una cena por la noche con otros amigos, por lo que calcula que a las ocho y media, más o menos, tendrá que marchar. Le dice que le sabe «supermal», pero que aprovecharán bien las horas para *ponerse al día*. Diana siempre insiste en lo de «ponerse al día», y a Cleo le parece una estupidez. Por supuesto, Diana ya se ha encargado de acotar bien las horas del encuentro. Quedar con dos personas distintas, y no mezclarlas, en una misma tarde es muy típico de Diana. Pensando en eso, también le viene a la cabeza aquella vez en la que Diana no le escribió para lo de su madre. No le molestó tanto que le hubiera escrito cuando ya hacía un mes del funeral, eso le daba igual, más o menos igual, puesto que Cleo se olvida de cosas peores. Lo que le molestó de verdad fue que le escribió un mensaje en el que abusaba de mayúsculas y utilizaba puntos suspensivos como si fuera una religiosa o una sesentona: «Jo… me he enterado de lo de tu madre… espero que estés bien… linda… ahora empieza SU VIAJE… ;)». Por primera vez sintió, lo sintió de verdad, que ya no conocía a esa persona: no lograba conectar el texto ni la gestualidad virtual con su amiga, o los restos de su amiga. Eso la puso triste.

De camino al bar Taboré, Cleo acaba de pensar en todo eso y recuerda las ganas que le entraron aquel día de aplastarle la cara. Y si lo piensa un poco más, le vuelven las mismas ganas de aplastarle la cara otra vez. ¿Linda? ¿Viaje? Pero ahora no quiere pensar más en eso porque, al fin y al cabo, está a punto de verla de nuevo y tiene ganas, tienen ganas las dos, porque esta misma mañana se han escrito un mensaje para recordarse la cita y las ganas: «Por fiiiiin, qué ganas». Pone literalmente eso, así que todo debería salir bien.

En cierto sentido, Diana ha querido confirmar con ese mensaje la cita de hoy, no sea que luego Cleo no pueda o se eche para atrás. Alguna vez lo ha hecho. En ese caso, Diana podría ir a un evento al que la han invitado. Ha dicho que no porque ha quedado con Cleo, pero si no pudiera, por lo que sea, no le importaría en absoluto pasarse por la presentación de la nueva revista *Personas*. Dan comida y bebida gratis. No es que quiera que se cancele la cita, ni mucho menos, solo piensa en lo que haría en el caso de que se cancelara. Pensándolo bien, le gustaría un poco ir a la presentación de la revista *Personas*. Pero parece que esta vez nadie cancela. Todo apunta a que hoy se van a ver. Bien.

Cleo se detiene en un colmado para comprarse unos chicles, hoy no se ha lavado los dientes en todo el día. Se acaba de acordar del mensaje que seguía a lo del funeral. Diana le decía que le gustaría darle un abrazo, un abrazo por lo de su madre, pero que «no podría hacerlo» porque esa semana la tenía «imposible». Sugería posponer la fecha del abrazo por la madre muerta para la semana siguiente, el jueves por la tarde, antes de una cena con unos amigos

porque esa misma tarde de jueves Diana tenía
una cena con otros amigos. Se contestaron las
dos que vale. Tenían muchas ganas de darse
ese abrazo porque incluyeron varias exclama-
ciones y un «tenemos que vernos más». Pero
entonces, no sucedió. Cleo cogió ese mismo
jueves un vuelo para ir a Lyon con el fisioterapeuta. Esos dos empezaron riéndose del cli-
ché pijo que supone liarse con tu fisio, pero
ahora están completamente liados desde hace
meses. Completamente. Claro que eso Diana
tampoco lo sabe. Hace tiempo que no se cuen-
tan ese tipo de cosas. En este caso, tampoco
sabe nada Marcia, la pareja del fisio. Ni por
supuestísimo, Edgar, la pareja de Cleo, el que
le preparaba la comida durante la baja antes
de que conociera al fisio. Antes de la baja todo
era sencillo. Tuvo que sufrir un accidente para
conocer al fisio. Cuando se ponen románticos,
piensan en eso. Si algún día llegan a tener ani-
versario, el suyo será un accidente, y eso les
parece hermoso, sobre todo a él. Siempre tiene
ganas de ver a Cleo. Por eso ella acude tanto

a su casa. La rodilla hace tiempo que funciona de muerte. La recuperación fue excelente. Edgar va diciendo por ahí que Cleo tuvo muy *mala pata*, una fractura poco limpia. No le queda otro remedio. Es lo que el fisio le dijo a Cleo que dijera a su novio. Todo es lioso en la vida de Cleo. Lo bueno es que la rodilla está bien y al menos no duele, y eso también es importante.

Diana ya está caminando hacia el bar Taboré, preparada para lo que le contará Cleo, a ver si estará liada con alguien nuevo esta vez. Piensa que preferiría no saberlo. Aún no se explica por qué Cleo se empeña en contarle esas cosas, ya no tienen la *confianza* para eso. Le resulta incómodo. Diana aprecia al novio de Cleo pero, en privado, lo llama «Pobre Muchacho». A Diana le gustan las comedias románticas y los hombres, a poder ser, con traje y corbata. Trabaja en el departamento de cuentas en una agencia de publicidad bastante importante. Conoció a Enrique en una reunión y eso a ellos les parecen hermosos, del mismo modo que a Cleo y al fisio les parece hermoso los accidentes de tráfico y Lyon. Diana no sabe lo que es estar soltera. Su situación sentimental es encadenar hombres con traje. Enrique es rango intermedio de una *startup* formada por falsos autónomos. A Cleo le parece fatal Enrique. Lo decidió el día que lo conoció. No necesitó más de diez minutos para saberlo. De todas estas cosas se van acordando antes de quedar. No es la mejor idea, sin duda, tener todos esos pensamientos antes de quedar con alguien, pero no pueden evitarlo ninguna de las dos.

Cleo, a punto de cruzar el paso de cebra, el de la esquina del bar Taboré. De hecho, juraría que ese moño recogido con una pinza es de Diana. Parece que se ha sentado en una mesa y fuma un cigarrillo. Habrá vuelto a fumar. Al fin, las dos se ven. Levantan los brazos. Diana se levanta de la silla, se alisa la falda con las manos, y luego se dan dos besos fuertes, se tocan los hombros. Desde lejos, parecen sinceramente efusivas. Nada más verse se comentan la ropa, el moño de Diana y se llaman «guapa» y «guapísima». Se vuelven a tocar otra vez y se repiten las *muchas ganas que tenían de verse* como para reforzar la idea que las ha conducido hasta el bar Taboré, como para recordárselo a ellas mismas.

Reflexiones al cabo de unos años sobre Cleo y Diana

De acuerdo. No sé quiénes son Cleo y Diana, pero siento algo por debajo de este texto que me hace pensar que yo estaba enfadada. Este cuento, ¿de qué va? ¿Del ritual en amistades oxidadas? ¿De cuánto tiempo podemos estar con gente con quien no somos afines? ¿De cómo nos convertimos, poco a poco, en «fantasmas del pasado»? ¿De la falsedad? De una forma lúcida y devastadora, la escritora Anna Murià describe en un libro de correspondencias con Mercè Rodoreda cómo poco a poco ella y su amiga fueron desconociéndose hasta llegar a un punto en el que no tenían nada que explicarse. O, mejor dicho, habían dejado de considerarse la una a la otra interlocutoras fiables. Siempre hay cosas por explicar, la única duda es a quién se las explicas.

Así que esto es, ante todo, un cuento de fantasmas.

* *

En un momento del relato se habla de la expresión *ponerse al día*. Siempre me ha parecido una expresión que carga consigo el fracaso. La idea de que *hay que ponerse al día* lleva implícita la imposibilidad misma de hacerlo. Nadie, nunca, está al día de nada (permanentemente estamos reelaborándolo todo en tiempo real, ofreciendo un resumen razonable de las cosas que nos pasan a quien tenemos cerca). A la gente a quien frecuentamos (presencial o virtualmente) le contamos estos cuentos y esa es, de hecho, la forma más parecida de *estar al día* de algo. Pero la expresión imperativa de que *hay que ponerse al día* solo es la muestra de que no lo vamos a hacer, de que no hay día que valga. Demasiadas historias por explicar equivalen a ninguna historia por explicar.

Entonces: puedo decir que estoy de acuerdo con el personaje de Cleo cuando dice que eso le suena a estupidez. Pienso que Sara Mesa lo expresó mejor: «Las conversaciones entre ambas se llenaron de convencionalismos y omisiones, recorridas por un finísimo desprecio autodefensivo». *Ponerse al día* es un tipo de convencionalismo especialmente deprimente porque pone en evidencia el artificio del gesto: corrobora que el relato que sigue será imperfecto, evitativo, repleto de lagunas y, lo peor de todo, casi siempre aburridísimo. No hay forma humana de que nos pongamos al día.

Sara Mesa habla de dos hermanas, pero dos amigas no son tan distintas a dos hermanas.

** **

Supongamos, ahora, que Cleo y Diana se lo están pasando bien, o no tan mal como esperaban. Pero, aun así, en un momento dado, Diana decide que quiere pasarse un rato por el evento de la revista *Personas*. Tiene dos opciones: invitar a Cleo o no invitarla. Hay muchas formas de invitar a alguien no invitándole realmente. Y es lo que, yo creo, haría Diana: una invitación envenenada. Cuando se llega al ocaso de una amistad, abundan este tipo de propuestas que nunca van en serio. Se hacen, ante todo, porque hay que seguir haciéndolas. Para no dejar de hacerlas.

* *

Formas de una invitación envenenada:

— Supongo que no es tu rollo, pero si quieres…

— Yo voy a ir a esta fiesta, pero me iré pronto. Tú sí…

— Voy porque tengo una mierda del trabajo, pero qué pereza.

— En realidad no quiero ir, pero iré.

— Es un lío llegar, pero vamos. Si quieres, vamos…

* *

No te dije nada porque pensaba que no vendrías.

Porque pensaba que no querrías.

A esto lo llamo el envenenamiento póstumo. O también: hermoso epitafio.

* *

No creo que Diana sea la única que hace invitaciones envenenadas, solo creo que lo haría en esta ocasión. Pero Cleo lo haría en muchas otras ocasiones. Sin embargo, existe un momento de la *separación* en el que ya se abandonan este tipo de formalismos y se pasa a un periodo hueco en el que parece que los dos extremos están cambiando todos los muebles de sitio. Este tiempo puede prolongarse meses, años. Y, un día, de golpe, se hace patente el abismo: lo raro es lo que un día fue habitual. Lo extraño sería, ahora, proponer un plan, invitar, incluso *envenenadamente*. Ya no queda nada y tomar la iniciativa da un tipo de vergüenza muy específica.

** **

Lo de la gestualidad virtual no es poca cosa. A Diana le molesta no reconocer a su amiga en el mensaje de condolencias, y la entiendo. La entiendo mucho. En mi caso, esta alta sensibilidad hacia la textualidad virtual ha ido en aumento. A veces me descubro viendo que una amiga, un amigo, con el que me he distanciado, o que vive fuera, o que ya no está para mí ni yo para él, ha cambiado la risa. Y siento algo rotundo que traspasa la pantalla. ¿Desde cuándo haces jsjjjs? ¿Y ¡¡¡hahah!!!? ¿Cuándo cambiaste estas letras, estas minúsculas, estos puntos suspensivos? ¿Y cuándo empezaste a usar ese emoji, ese sticker?, ¿y desde cuándo utilizas esa expresión tan concreta, tan de moda, tan antigua?... la pregunta es inabarcable: ¿desde cuándo *todo*?

* *

Todo esto pasó mientras yo no estaba mirando. Todo esto pasó y yo no me he enterado.

* *

En cualquier caso, quiero dar una oportunidad a la amistad de Cleo y a Diana. A veces, nos mantenemos firmes en amistades del pasado porque nos recuerdan cosas de nosotros que habíamos olvidado. Carmen Martín Gaite lo llama a esto aceptar el propio *caleidoscopio* a través de la narración ajena. Nos completamos con los otros. Aun así, no creo que sea el caso de Cleo y Diana. Cuando las escribí, creo que no pensaba en una amistad de la infancia, sino en una amistad de la edad adulta, tal vez forjada en un antiguo trabajo en común. Las amistades del trabajo son terrenos peliagudos, nunca sabes cómo de próxima es esa persona que tienes enfrente: si te caía bien, bien de verdad, o si solo necesitabas agarrarte a una mínima conexión con alguien para levantarte de la cama. Frecuentemente, necesitamos personas que nos sujeten las extremidades y nos pongan a caminar, a trabajar. A veces, somos nosotras las que sujetamos a otra persona. Puede que este sea el caso de Cleo y Diana, que se llevaran muy bien en un momento concreto de sus vidas (pongamos: tres años, cuatro, cinco), y que luego ya no, y que ahora estén confundidas.

A veces, también idealizamos relaciones de amistad que nunca han existido. Tal vez las dos protagonistas están persistiendo en algo que nunca tuvieron. Y, paradójicamente, puede que eso sea lo que las mantenga unidas: las dos se han sobreestimado e, incluso, han mitificado, en cierto modo, el vínculo. ¿No dice eso algo bueno de ellas dos? ¿De su relación?

¿De la forma en la que, ambas, esperaban cosas la una de la otra? Por eso, persisten. Por eso se siguen viendo aunque tarden mucho en completar el ciclo para verse de nuevo. A veces, hay que descargar presión a las amistades, despresurizar. Quizás solo sea eso.

* *

Vivian Gornick dice que *amigo íntimo* (en su caso, un tal Leonard) es aquel con el que el ciclo de la amistad no tarda más de una semana en completarse. El ciclo de la amistad es el tiempo que tardas en quedar con alguien desde que dices «tenemos que quedar». Hay personas con las que tardamos en completar el ciclo varias semanas, trimestres e incluso años.

* *

Me gustaría saber si entre ellas dos hay algo que han malinterpretado. La amistad está llena de malentendidos, interferencias. Es como un saco lleno de tierra grumosa. Un día llueve y te das cuenta de que llevabas mucho tiempo pisando un gran charco de barro. Continuamente, todo el rato, no nos estamos entendiendo. «Me han dicho», «tú has dicho», «yo pensaba que», «tú fuiste la que». Barro. Barro.

Es muy difícil entenderse con la gente y a veces, cuando parece que nos estamos entendiendo, resulta que el otro está pensando lo contrario a lo que tú querías decir. La otra, el otro, siempre se nos escapa. Es cierto que, para empezar, nadie sabe muy bien qué quiere decir: simplemente vamos diciendo. Cuando una está arriba, la otra abajo, intensidades variables, humores, estados de ánimo. Solo, a veces, un rato de nada, un rato cortísimo, parecemos estar en la misma habitación comprendiéndonos del todo (entonces, decimos frases como «parece que todo fluye», «conectamos», «me caes bien», etc.).

Puede que Cleo y Diana estén resentidas, dolidas por algo, puede que se hayan malinterpretado, puede que hayan celado la una de la

ANNA PACHECO

otra, puede que sus deseos y aspiraciones sean incompatibles para siempre, o solo durante un rato.

Si existe algo más importante que el dinero, que no lo sé, esas son las aspiraciones. Nos aproximan o distancian más que un salario.

* *

Cómo saber qué piensan realmente, genuinamente, la una de la otra. He aquí otra cuestión fatigosa.

* *

Cómo saber si se han dejado de encontrar interesantes, ese es otro terreno casi tan importante como el dinero o las aspiraciones (aunque sospecho que no están tan alejados).

* *

Quizás han encontrado personas a quienes perciben como *más interesantes*. Es una asunción algo trágica, pero es cierto que no tenemos tiempo para todas las personas ni para todas las cosas. Todo se va superponiendo, una cosa encima de otra y luego otra más. Algunos amigos nos encuentran a nosotros, ni siquiera los elegimos.

** **

Carmen Martín Gaite defiende que lo que busca siempre un enamorado es «mantener despierto el interés del otro, no tanto por su vida como por su palabra, lograr que lo escuche sin pensar en otra cosa. La traición amorosa es, sobre todo, rechazo de la narración».

La traición amorosa es, por supuesto, también amistosa.

** **

Me pregunto cómo es posible que dos amigas que se han cansado, casi en simultáneo, se marchen sin despedirse. Parece, incluso, difícil que no les dé tiempo a voltear la cara y levantar el mentón y decirse «adiós, adiós, adiós». Desde afuera esta segunda opción parece la intuitiva, la agradable, la más digna, incluso. La otra es como irse gateando por el lado equivocado de una mesa y clavarse algo en la rodilla, en las cuatro rodillas.

No estoy hablando de Cleo y Diana. Porque Cleo y Diana, de momento, no se han despedido ni se han marchado de ninguna mesa. Puede que todavía sigan ahí. Yo hablo de las distintas formas de abandonar a alguien de puntillas.

**

Somos, hemos sido muy cobardes.

**

Qué difícil es hacer «nuevos amigos» a medida que pasan los años. Son como pegatinas que no enganchan. En cierto sentido, creo que Cleo y Diana se tienen la una a la otra, de algún modo, y que quizás, si ahora continuara el texto, haría que terminara bien.

Ellas, en el bar Taboré, saliendo hasta tarde. No yendo al evento de la revista *Personas,* o yendo juntas, quién sabe. Poniéndose al día (¡encima!) con chispa y generosidad, y explicándose lo importante o lo grotesco o lo lamentable, y contradiciéndome a mí, que las escribí, y que dije que no hay forma humana de ponerse al día. Quizás sí exista la forma, y tal vez eso sea lo único en lo que vale la pena esforzarse: en contarse la vida. Más o menos bien. Cuando podamos. Cuando nos venga bien.

**

Pero no pienso continuarlas de ningún modo.

Bibliografía

Gornick, Vivian (1996), *Mirarse de frente*, trad. Julia Osuna Aguilar, Madrid, Sexto Piso, 2019.

Martín Gaite, Carmen (2009), *El cuento de nunca acabar*, Madrid, Siruela.

Mesa, Sara (2022), *La familia*, Barcelona, Anagrama.

Rodoreda, Mercé (1985), *Cartes a l'Anna Murià (1939-1956)*, Barcelona, Club Editor, 2021.

Amistad radical

Capítulo 1 del Contraprograma Experimental de Radicalización de Afectos

Alicia Valdés

Alicia Valdés *es doctora en Humanidades. Su trabajo aborda la resistencia y la subversión a través de nuevas percepciones de la subjetividad, el cuerpo, las identidades y el deseo. Participa en diferentes formas de creación, desde la escritura, a la investigación, el comisariado y la experimentación de los cuerpos y las relaciones. Su enfoque es transdisciplinar y se centra en el psicoanálisis, la filosofía y la política. Es autora del libro* Towards a Feminist Lacanian Left. Psychoanalytical Theory and Intersectional Politics *(Routledge, 2022).*

Amistad radical

Capítulo 1 del Contraprograma Experimental
de Radicalización de Afectos[1]

ALICIA VALDÉS

Uno. No creo que hablar de amistad sea suficiente

Los hombres que se cuidan entre ellos a través de la complicidad del silencio ante la violencia que ellos mismos ejercen también son amigos.

---

1 Este capítulo pertenece a mi investigación postdoctoral. Mis agradecimientos al Ministerio de Universidades y a la Convocatoria de Ayudas para la recualificación del sistema universitario español para 2021-2023, de la Universidad Carlos III de Madrid, del 31 de mayo de 2022 por la financiación de su investigación sobre afectos en la que se enmarca este texto.

Son amigos aquellos que se hicieron llamar «La Manada». Son amigos también aquellas personas que maltratan a otras, lo graban y lo suben a redes sociales. Cuando nos referimos a los cuidados tendemos a imaginarlos y conceptualizarlos a través de ejemplos como el poder llorar delante de las otras, hablar de nuestros problemas o querernos de una manera comunicativa. Pero los cuidados son también proteger a tu colega para que nadie sepa que agredió a su novia, los cuidados son también el silencio cómplice de quien sabe que violentaste. La amistad sin ética no entiende de dolor.

> No creo que hablar de amistad o cuidados
> sea suficiente

Como el resto de los elementos que conforman nuestras vidas, la amistad ha pasado por un proceso de mercantilización capitalista. La relación que viene a establecerse entre la clase y el afecto ha conseguido que, para algunas privilegiadas, quedar con sus amigas se convierta en una oportunidad para el networking. Ha conseguido que salir se convierta en asistir a un evento; la mercantilización y capitalización de la amistad es también la del ocio. La amistad se convierte así en una petición al modo más *facebookiano* de ampliar tu capital social.

No creo que hablar de amistad sea suficiente

Y odio que la amistad se haya puesto tanto en la boca de todo el mundo erosionando la importancia de otros lazos. La conversación sobre la amistad es un elemento clave para poder realizar un necesario desplazamiento de los sistemas afectivos heteronormativos de la pareja y la familia como centro de nuestra vida. Sin embargo, creo que la centralización de la amistad ha venido de la mano de una homogeneización.

–es esta forma tibia, homogénea,
normativa y aceptada de la amistad
la que se ha privilegiado–

Hemos privilegiado el espacio de la amistad olvidándonos de otros espacios afectivos que son igual de valiosos para el cuidado y las redes de apoyo. La amistad se prioriza así a la camaradería de la lucha sindical, a la vecindad y al apoyo mutuo del barrio y de la cotidianeidad.

No creo que hablar de amistad sea suficiente

Dos. Separar y jerarquizar

Pienso que hablar de amistad radical y rearticular nuestros afectos desde una posición crítica es necesario porque la despolitización y la eliminación del componente radical de nuestros lazos y acciones afectivas es un proceso que tiene lugar desde hace mucho tiempo. La amistad se relega así a un espacio tibio. Aristóteles conceptualizaba la amistad como aquello que está necesariamente ligado a la política, pero los desarrollos modernos de la distinción entre las esferas pública y privada llevaron a la imposición de la amistad como una cuestión privada. La privatización de la amistad y de los afectos busca la despolitización de estos, algo que Foucault analizó detalladamente cuando investigaba sobre la amistad homosexual.

En su entrevista «De la amistad como forma de vida», Michel Foucault analizaba los vínculos homosexuales masculinos y afirmaba fulminantemente que lo que hace que la homosexualidad sea «perturbadora» para el resto no es el acto sexual en sí, sino el modo de vida homosexual. La vida homosexual masculina rompe con las concepciones heteronormativas de las relaciones entre hombres a través de la presencia de afecto, los vínculos corporales y la ternura en estos lazos y acciones afectivas. Como forma de suprimir e invisibilizar la manera en la que «estas relaciones la cortocircuitan [la institución] e introducen el amor donde se supone que solo hay ley, regla o costumbre», la homosexualidad se reduce a un encuentro puramente sexual. En otras palabras, la dimensión política de la homosexualidad, entendida como la manera en la que estas relaciones desafían lo establecido, se borra al considerar este vínculo como perteneciente al ámbito privado de la vida sexual. Este borrado por la norma se produce entonces a través de dos métodos: 1) el afecto propio de la amistad se considera sexual y 2) su naturaleza desafiante se erosiona al considerar que la amistad, al igual que lo sexual, es algo perteneciente al ámbito privado o íntimo.

De esta manera, la separación entre política y amistad, entre lo público y lo privado, se entrecruzan. Estas separaciones suponen pares dicotómicos y jerarquizados. Es decir, solo puedes situarte en uno de los dos polos y estos dos polos estarán jerarquizados de manera que solo uno de ellos obtiene relevancia social. Este mecanismo de separación y jerarquización responde a un claro sesgo heterosexual y de género. El espacio público está dedicado al ámbito de la política como espacio habitado por hombres cisheterosexuales. Al mismo tiempo, lo privado, como dominio de la amistad, las redes de cuidado y la disidencia sexual o de género, queda relegado a las mujeres y disidencias que se desvían de la norma cisheterosexual.

El proceso por el que se separaron los espacios públicos y privados para después asignarles un género y así jerarquizarlos no fue un proceso suave y pacífico, sino sangriento y violento, como muestran la demonización del cotilleo, la caza de brujas y la destrucción de las comunidades de mujeres. Sin embargo, algunos análisis de la amistad olvidan cómo el género y la heteronorma son elementos esenciales a la hora de formular desde la radicalidad el lazo y acción afectiva de la amistad.

Tres. No sé cuál debería ser la definición de la amistad

No sé cuál debería ser la definición de la amistad

Pero sí creo que la amistad no es únicamente un lazo afectivo, sino también una acción afectiva. La amistad no es lo que me une a alguien sino un acto afectivo y disidente en sí. La amistad no solo me une, sino que me mueve a la acción.

No sé cuál debería ser la definición de la amistad

Pero sí creo poder aproximarme con palabras a aquello que me hace sentir. La amistad es un espacio seguro desde el que luchar y cuidarnos de aquellas estructuras que nos violentan y nos hacen daño. La amistad es una cerveza fría después de llorar por un desamor, es la cama compartida cuando tu familia te da la espalda, es el olor de unas flores el día que te quedas sin trabajo, es la mano que te sujeta en una manifestación y la que te pasa una piedra para tirársela al policía, es el anonimato de internet y su espacio ontológico para ser quien quieras ser. Mi amistad huele a lágrimas, a sangre, a gasolina y a flores secas. A veces me libra del sabor metálico de la sangre en la boca y en otras ocasiones es la amistad la que lo provoca.

No sé cuál debería ser la definición de la amistad

Pero tengo claro que esta no se reduce a un lazo afectivo que se caracterice con una temporalidad, una historia compartida, una cotidianeidad o de manera relacional. Si hay algo característico de la amistad es cómo nos mueve, cómo nos empuja y cómo se convierte en acción. Es la acción de arroparnos las unas a las otras ante algo que siempre actúa contra nosotras.

No sé cuál debería ser la definición de la amistad

Pero sé que la amistad no puede ser tibia. Creo que la amistad se caracteriza por ser un lazo y una acción afectiva que están políticamente saturadas. Una acción políticamente saturada es una acción que se encuentra condicionada por su contexto político. Una acción radical y políticamente saturada es aquella que es disidente. Un lazo y acción afectiva que busca generar un espacio de cuidado y protección ante lo hostil y violento del mundo que habitamos, pero también un espacio desde el que desafiar esta normalidad. Es a esto a lo que denomino «amistad radical», pero no podemos pensarla sin hacer un sano ejercicio de crítica sobre la amistad en sí.

No sé cuál debería ser la definición de la amistad

Pero sé que su lazo y acción afectivas generan nuevos espacios para sentir. Estos espacios pueden ser liminales y construir acciones en las que no conoces al otro. Avatares y pasamontañas. La barricada y el chat. Internet, acción directa y el espacio de la revolución. La acción afectiva de la amistad que crea un espacio con el otro desconocido dota de una dimensión liminal a la amistad radical. Lo contingente y lo liminal eliminan la instrumentalización del otro y de la amistad.

Cuatro. Afecto y acción

–Afecto como la capacidad de afectar
y ser afectada. Me pregunto si puede haber
lazo afectivo sin acción compartida–

Cinco. Afectos desafiantes, lazos políticamente saturados

Pienso en Foucault y me pregunto cómo podríamos conseguir que cualquier amistad se convirtiera en un espacio para la acción desafiante. Pienso en cómo pensamos los afectos de manera heterosexual incluso cuando no nos circunscribimos a aquello que tantas veces se ha denominado «relaciones románticas». Una aproximación crítica a la amistad que provoque la saturación política propia de una amistad radical no puede ser pensada sin reflexionar desde modos queer de vivir, sobrevivir y resistir. Debemos desarrollar una concepción más radical y políticamente saturada de la amistad, que vaya más allá de la crítica economicista al neoliberalismo y que pueda permear más capas del sistema opresivo que articula. Lo desafiante no puede limitarse a propuestas críticas de corte economicista. El anticapitalismo no puede encerrarse en una lucha por un modelo económico. Lo desafiante pasa necesariamente por una articulación radical de los afectos, su politización y la redefinición de lazos y acciones como el amor, es decir, por una saturación política de los mismos.

La poeta española Sara Torres ha analizado cómo la teoría de Foucault sobre la amistad entre hombres homosexuales puede desarrollarse aún más incorporando elementos provenientes de la teoría lesbiana y de las teorías del afecto y el cuidado. Para Torres, lo excepcional de la teoría de Foucault es cómo sitúa «la amistad en el centro de la relacionalidad y el devenir *queer*. También en el centro del amor. Lo hizo

para resistir la capitalización y la comodifica-
ción del amor homosexual, reivindicando así
las subculturas del placer, la economía y los
cuidados que los amores no normativos habían
desarrollado desde los márgenes del modelo
heterosexual y monógamo».

La amistad radical, como lazo y acción afectiva desafiante, no puede pensarse si no es fuera
del marco hegemónico que regula el amor.

La saturación política pertenece al ámbito de
lo político, no de la política. Ante la institucionalización, solo cabe la acción directa afectiva.

Seis. Hablar de amor como lazo y no acción nos ata a quienes nos hacen mal

La amistad como acción afectiva nos posibili-
ta la rearticulación del amor. Elizabeth Telfer
afirma que existen tres condiciones necesarias
para la amistad: actividades compartidas, las
pasiones de la amistad, y el reconocimiento del

cumplimiento de las dos primeras condiciones. Sin embargo, para desarrollar un enfoque crítico de la amistad como fenómeno políticamente saturado para la resistencia política, creo que debe de darse un análisis crítico de esta modalidad de amor.

La cuestión de la actividad compartida

La amistad suele reducirse a un lazo. Peor aún, la amistad suele reducirse a un lazo que se establece entre dos. La monogamia parece apropiarse de todo tipo de afecto. Relación de dos, afectos binarios. La amistad radical, sin embargo, ofrece una red más amplia. Si hay algo que una a esta red afectiva es una actividad compartida. Mientras en la amistad cualquier actividad puede ser compartida, en la amistad radical, la saturación política del lazo y la acción tiene lugar mediante la disidencia: cuando personas actúan juntas para enfrentarse a una lucha o a una situación opresiva.

Las pasiones de la amistad

Telfer ve en el lazo de la amistad un elemento irracional al que denomina «pasión». Para Telfer, la amistad es capaz de aceptar contradicciones en nuestros valores. Así, el afecto propio de la amistad sobrevive a los cambios que pueda tener el objeto de amor de nuestra amistad. Podemos seguir sintiendo afecto por alguien a quien ya no respetamos.

Una aproximación crítica a la amistad implica necesariamente una negación parcial de esta idea de la pasión de la amistad. El afecto es irracional en la medida en que cuestiona la definición hegemónica de racionalidad impuesta por el cogito y la elección neoliberal. Sin embargo, la irracionalidad del lazo afectivo que nos une a quien ya no respetamos pertenece a un enfoque no crítico de la amistad. Algo visible en las relaciones de masculinidades dominantes en las que los hombres se aferran unos a otros incluso después de los actos más violentos. La pasión de la amistad que describe Telfer es la jerarquización del lazo por encima de la acción afectiva. La amistad sobrevive entonces por encima de las acciones violentas: amarás a quien produce dolor al igual que deberás honrar a tu padre y a tu madre.

Reconocimiento de las otras dos condiciones

Para un enfoque crítico de la amistad, este reconocimiento de las otras dos condiciones indica una relación entre ellas. Así, si no se respeta al otro porque ha rechazado ciertos principios, ya no existe una actividad compartida que permita la amistad crítica. Siguiendo a Aristóteles, la amistad radical es política porque implica un vínculo entre los que luchan, entre los que habitan lo político. El anarquista Todd May afirma que en la amistad existe la consideración del otro. Esta consideración tiene como objetivo buscar en un grado u otro el bien del otro por el bien del otro. Esta característica de la amistad es la que Aristóteles utiliza para distinguir las amistades verdaderas de las amistades de placer o de utilidad. La amistad radical no puede ser instrumental.

Entender la amistad no solo como lazo, sino como acción afectiva permite un acercamiento crítico. La amistad radical que se basa en lazo y acción nos permite deshacernos de afectos feroces con personas con las que ya no hay un compromiso por el bienestar.

Siete. El fin de la amistad

Muchas veces pienso en por qué una amistad termina de una manera súbita a través de una especie de decepción cuya raíz se hunde en lo más profundo de nuestra psique. A veces algo se rompe, aunque no dejamos de querer a esa persona. Siempre había pensado sobre esas rupturas como el momento en el que el lazo que nos une simplemente se desvanece.

Pero la amistad es más acción que lazo

Cuando una amistad pierde intensidad, sobre nuestras cabezas se posa una espesa niebla y bajo nuestros pies el fango de la decepción.

Ya no hay margen para la acción compartida. La manera en la que nos miramos y nos contamos la cotidianeidad (esta vez sin abordar demasiadas intimidades) pierde el sabor de lo que sana. Lo que nos une ahora es el lazo de un compromiso adquirido en otro tiempo. No creo que nada se rompa, sino que algo se deja de hacer.

Porque la amistad es más acción que lazo

Cuando he roto amistades no ha sido porque haya dejado de querer, de amar, de sentirme ligada, sino porque ya no había una acción que permitiera el lazo. No son pocas las ocasiones en las que me odio por ello. Odio el no quererte como amiga, odio la tibieza de nuestros encuentros después de la calidez que siempre los había rodeado. Odio que la disidencia haya aparecido y que el orden y la norma lo impregnen todo. Odio sentir que te debo algo simplemente porque existe un lazo afectivo. También lo hubo con quien me maltrató y con quien hizo de mi casa un infierno.

Pero es que la amistad es más acción que lazo

Sentí mayor amistad en revueltas, asambleas, *blackblocks*, manifestaciones y contracumbres que las últimas veces que nos vimos. La acción afectiva construye el lazo afectivo. La acción permite el lazo, la acción es el lazo radical. ¿Por qué cuestionarnos el lazo afectivo de la familia para ensalzar la acción de la amistad y acabar primando el lazo por encima de la acción?

Ocho. La acción afectiva construye el lazo afectivo

El primer paso para la radicalización descansa sobre la negación a la idolatría // Nada que pretenda ser radical puede devenir de la ausencia de crítica // La amistad es una acción a través de la cual se establece el lazo // Como toda acción, la amistad puede tener comienzo, final, silencios, vacíos, ausencias y explosiones. También puede no tenerlos // La amistad radical que tiene lugar en el espacio liminal no responde a coordenadas ni se construye sobre la base de la identidad del otro // La amistad radical por su estado dinámico se encuentra en constante construcción // Es su estado líquido y dinámico el que elimina la razón teleológica de la amistad. No hay comienzo ni final // Si el afecto es la capacidad de afectar toda relación afectiva radical tiene como resultado trastocar el espacio sobre el que se construye // La desaparición de la acción compartida desradicaliza la amistad, pero esta se mantiene en estado latente como amistad tibia // Existen diferentes modalidades de la relación de amistad, pero el Programa Experimental de Radicalización de Afectos apuesta por la versión crítica de la misma // La politización del afecto no implica su institucionalización, la politización del afecto es la lucha en contra de su mercantilización // Dejar de amar a alguien por razones políticas es un desafecto válido // Los afectos son acción directa // La acción directa es la única manera de dislocar el marco de regulación del amor //

Bibliografía

Foucault, Michel (1981), «Friendship as a way of life», en *Ethics. Subjectivity and Truth, The Essential Works of Michel Foucault*, vol. 1, ed. Paul Rabinow, Nueva York, The New Press, 1994, 135-140.

Mies, Maria (1986), *Patriarcado y acumulación a escala mundial*, trad. Paula Martín Ponz y Carlos Fernández Guervós, Madrid, Traficantes de sueños, 2019.

Federici, Silvia (2018), «Sobre el significado de gossip», en *Brujas, caza de brujas y mujeres*, trad. Aránzazu Catalán Altuna, Madrid, Traficantes de sueños, 2021.

Federici, Silvia (2004), *Calibán y la bruja. Mujeres, cuerpo y acumulación originaria*, Quito, Abya-Yala, 2016.

Athanasiou, Athenea, Kolocotroni, Vassiliki y Papanikolaou, Dimitris (2018), «On the politics of queer resistance and survival: Athenea Athanasiou in conversation with Vassiliki Kolocotroni and Dimitris Papanikolaou», en *Journal of Greek Media and Culture*, 4, n.º 2, 269-280.

Torres, Sara (2021), «La amistad como modo de vida: una cultura de las amigas-amantes», en *El Salto Diario, https://www. elsaltodiario.com/el-rumor-de-las-multitudes/ amistad-modo-vida-cultura-amigas-amantes* (30.11.2023).

Telfer, Elizabeth (1970), «Friendship», en *Other Selves: Philosophers on Friendship*, ed. Michael Pakaluk, Indianapolis, Hackett Publishing Company, 1991, 248-266.

May, Todd (2011), «Friendship as Resistance», en *The Anarchist Turn*, eds. Blumenfeld, Jacob, Bottici, Chiara y Critchley, Simon, Londres, Pluto Press, 2013.

TRES AMIGAS

María Bastarós

MARÍA BASTARÓS *(Zaragoza, 1987) es historiadora del arte y escritora. Su primera novela,* Historia de España contada a las niñas, *recibió los galardones Puchi Award, Cálamo Otra Mirada y el Premio de Narrativa de Valencia. Es coautora de* Herstory: una historia ilustrada de las mujeres *y* Sexbook: una historia ilustrada de la sexualidad, *junto a Nacho M. Segarra y la ilustradora Cristina Daura. Su libro de relatos* No era a esto a lo que veníamos *fue finalista del Premio Setenil y ha sido publicado en Reino Unido por Daunt Books. Colabora con medios como* El Diario, Verne, SModa *o* Carne Cruda. *Ahora trabaja como guionista y está escribiendo su próxima novela.*

Tres amigas

María Bastarós

Los chicos a los que esperan ver en la discoteca
están escuálidos y tienen las caras salpicadas
de acné. Aunque no es la primera vez que van
a verlos ahí, esta tarde promete ser distinta,
tal vez por ser la última fiesta antes de Navi-
dad o tal vez porque llevan semanas hablando
de ella, conjurándola, y es imposible que eso
no haya tenido ningún efecto sobre los acontecimientos por venir. Las tres opinan –aunque nunca lo expresarían así– que las palabras
son capaces de convocar el destino, y todas se
han esforzado en adaptar su comportamiento
a esa convicción. Por ejemplo: antes, cuando
se entretenían con ese juego para predecir el
futuro a base de columnitas, escribían tres
opciones en cada una –tres posibles novios,
tres posibles trabajos, tres posibles países de

residencia, tres cantidades de hijo– e insistían e insistían hasta que a cada una le salía el chico apropiado. El resto de opciones quedaban relegadas a un segundísimo plano, tan segundo que cualquiera lo llamaría tercero o cuarto. Lo mismo daba ser *campeona de esquí en Italia* o *chica del tiempo en Portugal*, lo mismo daban *dos hijos* o *nueve*, si era de la mano del chico deseado. Ahora ya no se molestan en tirar el dado una y otra vez hasta conseguir que el resultado les dé lo que quieren: sitúan un solo nombre en la columna de *posibles novios y* así el futuro parece quedar zanjado de antemano, desprovisto de toda arbitrariedad. *Lo más importante para que algo pase* –asegura siempre Dessi– *es dar por hecho que va a pasar.*

Nuestras tres chicas también saben que, bajo la luz azul de los focos de la discoteca, las caras de esos chicos se llenan de sombras, de cordilleras, que conforman pequeñas geografías de pelo y piel. Por eso, en el autobús del colegio, los de la última fila los señalan con sorna y les gritan *mapamundi*, y los chicos no protestan porque saben que en el instituto uno debe aceptar cualquier cosa que le digan como si él mismo lo hubiera pedido, como si fuera de hecho una suerte ser apodado

mapamundi,

enclenque,

cuatro ojos,

pajillero,

gorda,

sudaca.

Y es que esos chicos, además de brotes de acné y una pelusilla ratonil en el bigote, poseen un estoico sentido de la practicidad –lo saben porque acaban de estudiar a los estoicos en clase de filosofía–, y están decididos a hacer oídos sordos ante los insultos.

Los viernes, único día en el que no tienen comedor, van hasta el colegio en bicicleta, haciendo saltar piedras y grillos en un camino pegado a la carretera. Ellas los ven desde el autobús, a veces parados junto al arcén, y se preguntan qué será lo que hacen y si acaso tendrá algo que ver con ellas.

Lo cierto es que la pausa de los chicos tiene un objetivo muy concreto: se disponen en triángulo, cada uno sosteniendo la mirada al de su derecha, y muy serios, se dicen *mapamundi, granudo, arròs al forn, caraminas, caracráter.* De esta forma se preparan para recibir todos esos insultos de nuevo, ya en el instituto y de bocas menos amables, de bocas de las que solo salen agravios, escupitajos y cáscaras de pipas. Así es como hacen callo, como endurecen los oídos. Es un pacto al que han llegado los tres y del que no pueden hablar con nadie, ni siquiera con alguien de confianza, porque tal vez ese *alguien* no podría evitar reírse un poco o mirarlos desde arriba con pena y curiosidad, como se mira a un hormiguero justo antes de pisarlo, y entonces su táctica perdería eficacia.

Cualquiera que mirase a esos chicos con un ánimo objetivo, tal vez en una rueda de reconocimiento o en un concurso de belleza, los juzgaría como prácticamente iguales, como tres gatos blancos de la misma camada: quizás uno tenga las orejas más puntiagudas o los bigotes más tiesos, pero en esencia se trata del mismo gato. Para nuestras chicas, sin embargo, no se parecen en nada, y desde luego no son dignos de las mismas atenciones. Si alguien los agarrara del pescuezo y tratara de ahogarlos en un cubo, como se hace con los gatos recién nacidos en su pueblo –cosa que les espanta a todas, en eso sí coinciden sin titubeos–, cada una se lanzaría de cabeza en busca del *suyo*, lo agarraría por las axilas y lo conduciría hasta la superficie haciendo gala de una fuerza hasta entonces desconocida, y dejaría que a los otros se les encharcaran los pulmones y se fueran directos al fondo. A veces, cuando oyen que los chavales de la fila de atrás del autobús les llaman *mapamundi*, se miran conteniendo las ganas de salir en su auxilio, de tirarles a los de atrás carpetas y clasificadores de anillas, plumieres de latón y escuadras y cartabones y hasta el candado de la taquilla del vestuario de gimnasio. Pero hay algo que las detiene, una certeza muda que no saben de dónde viene pero que las tres comparten: su ayuda no sería bien recibida por los chicos, resultaría más vergonzosa que propicia y hasta podría causar que les retirasen la palabra. Así que escuchan cómo los de atrás vierten insultos sobre los tres chicos sin decir ni mú, todo el autobús silencioso y tenso ante la tiranía ruidosa de la última fila.

Pero volvamos a lo importante, y lo importante es que, para ellas, esos chicos a los que van a ver no se parecen en absoluto. La devoción de cada una es exclusiva y excluyente, concentrada sobre uno y totalmente alejada del resto. *Es una suerte que a cada una nos guste un chico distinto*, repiten de vez en cuando con renovado asombro, y es que sospechan que compartir la admiración por el mismo podría implicar un destino de lo más trágico: reproches, discusiones, llantos y hasta puede ser –ojalá que no– el fin de esa amistad que siempre han tenido por algo incuestionable, por algo sagrado como la Virgen de la Cofradía de la Asunción, esa que sacan a pasear en su pueblo durante las fiestas de Semana Santa. Aunque ninguna lo ha dicho en voz alta –hacerlo equivaldría a convertir la posibilidad en probabilidad– intuyen que las vigas de su amistad podrían llenarse de podredumbre a causa de uno de esos chicos escuálidos, chicos cuya presencia apenas notaban hace un año, que eran más espectros que chicos, más de aire que de carne, pero de los que ahora es empezar a hablar y llenárseles las bocas de flores. No saben cuándo la curiosidad inicial se transformó en esa especie de encantamiento que sufren, pero cada vez los mencionan más: ya apenas hablan de aquella perra de la vecina de Toñi que se comió a su camada nada más parirla y que fue su tema predilecto durante meses, ni de las chicas del pueblo de al lado que llevan las Orbea decoradas a juego, con guirnaldas de flores en el manillar y pegatinas de estrellas en el cuadro, ni de aquella vez que abrieron la puerta del vestuario del polideportivo y vieron a una de las mayores *haciéndoselo* con su novio, –y eso que no llevaban ni tres meses–, ni de ninguna de las cosas de las que solían hablar antes. Y para colmo, es acostarse por la noche, tratando de concentrarse en las fotonovelas de la *Súper Pop* y la *Ragazza*, y ser incapaces de pensar en nada que no sean los dichosos chicos.

Lo cierto es que los chicos pueden ser un auténtico suplicio.

Son como esos pájaros que vimos en la excursión a la albufera –dijo una vez Dessi– *los que dejan sus huevos en los nidos de otros pájaros, sin pedir permiso, hasta que un día el huevo se rompe y aparece un pollo mucho más grande que los demás y mata al resto de pollos y se planta ahí como si fuera el rey del lugar.* Y las demás asintieron porque *sí, eso es*, los chicos se instalan sin pedir permiso y poco a poco hacen desaparecer todo lo demás. También es verdad, no queda más remedio que reconocerlo, que los chicos no destinan *ningún esfuerzo* a conseguir todo eso. Es más, las tres sospechan que, si supieran cómo ellas los nombran y los sueñan y cómo saturan los márgenes de sus agendas con sus iniciales, se harían pis en los pantalones y se encerrarían en sus cuartos a leer cómics y comer doritos durante semanas, sin atreverse a pisar la calle y hasta sin asomarse a la ventana.

Los chicos en cuestión les resultan fascinantes, pero no parecen saber mucho sobre la vida.

De todos modos, verlos no es el único motivo para ir a la fiesta, porque las fiestas tienen otras cosas que a ellas les encantan, como daikiris vírgenes y luces estroboscópicas y esa canción que dice *Saturday night, I think the air is getting hot, like you baby*. Hasta han preparado una coreografía para lucirla esta tarde cuando el DJ la ponga, aunque es verdad que solo le sale bien a Toñi porque es la que menos vergüenza tiene y, ella misma lo dice, *bailar no es cosa de talento sino de atrevimiento.* Incluso valoraron vestirse iguales para acabar de ponerle el lazo a la coreo: *fijaos en los videoclips de* Los cuarenta –dijo Miri– *eso mejora cualquier baile, o sea, siempre va a parecer que tres chicas con pantalones negros y camiseta blanca se mueven más a la par que tres chicas con, por ejemplo, un traje de sevillana, un peto y un bañador deportivo.*

Pero ponerse de acuerdo resultó un desafío demasiado extenuante. Pasaron horas intercambiando prendas, ideando conjuntos e inventando imposibilidades. *¿Esas medias con esas botas? imposible* –y al final Miri puso los brazos en jarras y rectificó– *mirad, lo mejor será que vayamos distintas y que cada una muestre su propia personalidad, como las Spice,* y las demás estuvieron de acuerdo porque todas saben que a Toñi se le da bien bailar y a Miri tener razón, que Miri tiene el tino de abalanzarse sobre las conversaciones que no van a ninguna parte y reducirlas a un polvillo que sacudir de un manotazo.

Esa decisión final –ir como sus respectivos armarios les den a entender–, provoca que, mientras cada una camina desde su casa hasta la plaza del pueblo, donde han quedado para salir juntas hacia la discoteca, la expectación sea máxima, como si se acercaran al desenlace de una película que no sabían que estaban viendo. Desde la distancia examinan con ojo clínico los vestuarios definitivos: la falda negra con leotardos blancos de Miri, el vestido de canalé color natilla de Dessi, el jersey con perlitas de plástico de Toñi. Todas son prendas conocidas, apreciadas, de esas con las que procuras no sentarte en bordillos, no apoyarte en troncos de árboles, y por supuesto no dejar al alcance de un rotulador fluorescente o un pilot destapado y traicionero. Las tres se escanean y asienten, otorgándose el beneplácito: lo cierto es que están *guapas*, *muy guapas*, eso se dicen como felicitándose por un trabajo bien hecho, guapas y distintas y aun así unidas por un hilo invisible que hilvana sus gestos y su forma de hablar, de ahuecarse el flequillo y ajustar la cola de caballo, porque son muchas horas juntas y porque, en el fondo, les gusta un poco parecerse, sacar a pasear ese algo abstracto que dice *SÍ, venimos juntas, somos un equipo, un pequeño ejército, no se te ocurra criticar a ninguna de nosotras, ¿OKEY? Okey.*

Igual que siempre corren a mirarse juntas en el escaparate de la ferretería, cuya superficie reflectante tiene la virtud de funcionar casi como un espejo, e igual que siempre se ordenan por altura –Dessi, Toñi, Miri–, y se quedan quietas, paralizadas durante unos segundos igual que si Dios les estuviera sacando una foto, y casi les parece escuchar el clic del obturador. *Fijaos, parecemos tres estrellas de una misma constelación*, dice Dessi, y es que Dessi coge prestados libros de poesía en la biblioteca y los lee durante las pausas entre clases, el libro como una paloma con las alas abiertas y la cara de Dessi hundida entre las páginas, y por eso de vez en cuando suelta esas frases de que si *las estrellas*, o *el rocío*

o *el lucero del alba y el alacrán que te come la sien,*

y, aunque ella no lo sabe, Miri las memoriza y las apunta al volver a casa porque cree que en algún momento, tal vez dentro de cinco o diez años, Dessi tendrá las suficientes para publicar su propio libro, y no cabe duda de que se lo dedicará a ellas, que para eso son sus mejores amigas, y que probablemente a ella la pondrá la primera no es que Toñi no lo merezca, pero al fin y al cabo es ella la que está apuntando todas las ocurrencias de Dessi, con un «para Miriam, que siempre creyó en mí» o algo por el estilo.

A menos, claro, que decida dedicárselo a su chico escuálido.

Solo de pensarlo, a Miri se le ensombrece el gesto.

La discoteca está en el pueblo vecino. Tiene dos sesiones, una *light* en la que no se sirve alcohol y todo el mundo se vuelve prontito a casa, y otra justo después, destinada a los adultos.

Ellas van a la *light*, aunque prefieren llamarla sencillamente «la primera».

Para llegar a la discoteca hay que atravesar un polígono, y luego otro, y luego un tercero. Muchos de los locales que pueblan el camino están desocupados y son pasto de la mala hierba, los grafittis –*Amanda quiere a Jorge, Jorge quiere a Elena, Jorge muérete*– y los paquetes de tabaco arrugados como papadas de vieja. Al último polígono le sucede una zona de huerta y albercas, el lugar más apropiado para detenerse a hacer pis si una cree que su vejiga no aguantará todo el trayecto, y por fin se llega al paso inferior de la autovía que divide los dos pueblos: sobre las cabezas seis carriles de asfalto y sobre estos decenas de coches, cada uno rumiando y zumbando en su propio lenguaje, todos vomitando humo y alquitrán.

La mejor manera de hacer semejante camino es, evidentemente, no hacerlo.

Lo usual es caminar hasta la gasolinera que precede a la salida de la autovía y confiar en que algún coche que haga la misma ruta se ofrezca a llevarte.

Esta tarde, una tarde de noviembre en la que el sol aún brilla como negándose a reconocer la existencia del otoño, incluso el trayecto hasta la gasolinera –media hora si una no se entretiene a comprar regalices o pintauñas en el *todo a cien*– se les hace eterno, y no solo por las ansias efervescentes de ver a sus chicos escuálidos: Toñi estrena unos tacones con los que todavía no sabe caminar y avanza igual que un niño que da sus primeros pasos, vacilante pero lleno de determinación, entusiasmado por la posibilidad de ver el mundo desde una perspectiva nueva y refrescante. Ninguna menciona lo fatigoso del asunto de los tacones; todas saben que forman parte de una transformación que es lenta, costosa, pero que acaba teniendo su recompensa: ser una chica –una mujer– como Dios manda, con unas piernas cinco centímetros más largas que las ofrecidas por la naturaleza.

Las tres caminan un rato en silencio, concentradas, repasando mentalmente la coreografía: primero todas de espaldas, luego darse la vuelta una a una, luego los brazos hacia arriba, luego dos que se agarran y otra que pasa por debajo. Lo han ensayado cien veces, puede que más, pero ahora les parece dificilísimo, casi un jeroglífico. El sol de poniente se escurre por sus caras como un calipo de naranja derretido, se escurre también por las fachadas de los locales que las separa de la gasolinera:

el bazar chino,

la tienda de conservas,

Novedades Loli –bragas y fajas enormes en el escaparate, colgando de perchas como fantasmas tristes, la guardería a la que ellas y todos sus compañeros de clase asistieron hace doce o trece años,

al fondo el videoclub y,

por fin,

la gasolinera.

Cuando llegan se acercan despacio, con ceremonia, a sabiendas de lo que puede ofrecer. A veces desde la esquina anterior se escucha una música machacona que les eriza la piel y les dilata las pupilas, y entonces caminan muy juntas, tratando de pasar desapercibidas entre los surtidores, deseosas de observar. Allí paran a repostar grupos de chavales que atraviesan el interior de Valencia hacia las discotecas del Perelló. Las pegatinas de sus coches dicen *Spook*, *Barraca*, *Chocolate*, las chicas mayores se sientan sobre el capó mientras los chicos ponen gasolina, y mascan chicle con la boca abierta y aun así están guapas, incluso más de lo que lo estarían si lo hicieran con la boca cerrada. A veces hasta se encienden un cigarrillo y entonces el dueño de la gasolinera, las manos marrones de aceite de motor y las orejas puntiagudas como si un disfraz de carnaval se le hubiera pegado a la piel, sale hecho una furia y grita *Que aquí no se fuma, delincuentes, coged vuestra música de mierda y largaos de una vez,* y todos los chavales dan palmadas y ríen ante la hipótesis del peligro, de la gasolinera devorada en llamas y el fuego sobre el coche y sobre sus cuerpos, porque todos saben que ahora mismo, camino a *Spook* o a *Barraca* o a *Chocolate,* son, como poco, inmortales.

Hoy, sin embargo, no hay nadie en la gasolinera. Esperan diez minutos, ensayando la coreografía por última vez antes de la hora de la verdad en la discoteca. No les sale tan mal, aunque de vez en cuando titubean, vacilan, se chocan, se piden perdón apuradas. En casa de Dessi la ejecutaban a la perfección, tal vez gracias a las paredes familiares, a los pósters de Enrique Iglesias y Take That y las fotos de campamentos enmarcadas en cartón pintado, que las llenaban de confianza y les hacían moverse como las chicas de la natación sincronizada, sonrientes e infalibles. Allí nos saldrá mejor –dice Toñi–, por la adrenalina. Las demás asienten, medio convencidas medio *no-sé-yo*. Lo que está claro es que deben reemprender la marcha, que hoy la gasolinera es un lugar hueco y decepcionante: ni transporte ni espectáculo es capaz de ofrecer.

Toñi camina cada vez más despacio, la cabeza erguida como si no supiera lo que sucede en sus pies, que han pasado del rosa al rojo y en los que ya despuntan las primeras ampollas. Miri se gira y la observa avanzar, renqueante, una moto trucada en la que el truco ha salido mal. Suspira y se agacha.

–Anda, ponte mis zapatillas un rato.

–No hace falta.

–Lo que no hace falta son esos pies.

Y entonces se escucha el primer motor.

–¡Un coche!– anuncia Dessi,

y las tres se giran y levantan las manos, saludando sonrientes, a ver si hay suerte y se ahorran la caminata y el llegar con los pies doloridos y hasta demasiado exhaustas para bailar. Pero el coche pasa sin verlas o fingiendo no hacerlo, el conductor con las pupilas rendidas al horizonte y al sol que desciende sobre la autovía del mediterráneo como un pájaro en llamas.

Alguna vez sucede que un coche para, cuando van a la discoteca o cuando vuelven de ella, y al indicarle su destino al conductor este no tiene ni idea de dónde están esos pueblos de los que le hablan, aunque estén a apenas cuatro kilómetros de distancia. Y es que quién ha oído hablar de Alcàsser, de Picassent, nadie en absoluto, es como vivir en un lugar inventado. Algún día estudiarán en Valencia y podrán decirles a los conductores que van a las

Torres de Serrano, o a la Lonja o a la Plaza de la Virgen, y ahí sí que nadie arqueará las cejas ni pondrá cara de bobalicón. Lo peor de ir andando hasta la discoteca es que una sale de casa con la sombra de ojos celeste dibujando un óvalo perfecto y cada pelo del flequillo sometido a voluntad, y para cuando llegan el peinado ha tomado sus propias decisiones y el viento ha hecho que no frotarse los ojos sea imposible. Hasta hay quien en un descuido se mancha a la altura de la cadera con el polvo del quitamiedos y entra en la discoteca con una línea de mugre dibujada en el vestido. Esa es la mejor manera de saber quién ha conseguido transporte y quien ha tenido que hacer todo el camino a pie.

Pero eso no sucederá hoy.

Tendrá que pasar un Audi, y luego una furgoneta con una mujer desnuda pintada en el capó –*qué horror*, musitará Dessi meneando la cabeza– y un Opel tigra con un tribal en la ventanilla trasera que les pita y reduce la marcha pero no frena, uno de esos coches a los que les gusta bromear con un humor que solo sus conductores entienden.

Y por fin, sucede.

Un cochecito granate y renqueante, con una puerta de color beige como si la hubiera pedido prestada a otro coche, se aproxima al arcén. Las tres contienen la respiración.

Ese va a ser.

Tras algunos suspiros y quejíos de caucho y metal, el coche para unos metros delante de ellas. Las tres dan palmas, se abrazan, mira que han tenido suerte, con los pocos coches que pasaban hoy, Toñi hasta agarra las manos de Miri y brinca ufana sobre los tacones, olvidando ese dolor de pies que, de todos modos, desaparecerá en cuanto deje de caminar un rato. Es Dessi la que abre la puerta del copiloto,

¡hola!,

siempre saluda con el mismo entusiasmo, feliz ante la bondad de los desconocidos, prometiéndose a sí misma que ella también parará, cuando tenga su propio coche, a quienes vayan caminando por esa misma carretera, que no permitirá que a las chicas les duelan los pies o se les tuerza el moño.

Vamos a la discoteca Colors, informa a quien conduce el vehículo, y tras unos segundos asiente y les indica a las otras que sí, que entren, que las van a llevar y no cerca, sino hasta la mismísima puerta.

Las tres se apelotonan en el asiento trasero, sumidas en el olor caprichoso del coche, algo como caramelos de menta, ambientador de pino, pelo de perro mojado.

El coche arranca.

Gracias por pararnos, dice Toñi, y la mujer al volante, el tupé levantado en un bucle gracias a una permanente de las que tardan horas en estar listas, sonríe desde el espejo retrovisor, *paro muchas veces a chicas que van a esa discoteca, ¿sabéis? deberían ponerme en nómina*, y la mujer carcajea y todas la imitan aunque no tienen nada claro que es eso de *nómina*, y la mujer les pregunta qué estudian, a qué instituto van, *ah, a ese fueron mis hijas, y qué queréis estudiar cuando acabéis*, pues ella estudia veterinaria, *siempre le gustaron los animales, la primera palabra que dijo fue «gato»*, y la mujer sigue preguntando y Toñi y Miri y Dessi se miran y cuchichean y se ríen bajito porque hacerlo en voz alta sería de mala educación pero es que madre mía, cuánto preguntan las señoras, cuantísimo les gusta hablar; para cuando llegan a su destino ya sabe cuál tiene hermanos y cuál no, y el nombre de sus grupos de música favoritos, y hasta la han puesto al tanto del asunto de la coreografía y de las dudas sobre vestirse iguales o distintas. La señora no duda en darles la razón, *mucho mejor distintas, dónde va a parar, eso de ir en conjunto está ya muy desfasado*, y luego se despide agitando la mano, el coche rumbo a la puesta de sol, dispuesto a fundirse con ella.

Aún se demoran unos minutos en la entrada: comprueban el estado del flequillo, reponen el *gloss*, pulverizan aquí y allá colonia Don Algodón. Luego sacan sus entradas, cuidadosamente plegadas y guardadas en carteras y monederos, y se plantan bajo el cartel de la discoteca. Será por el placer de la llegada o por la inminencia del baile, del daikiri virgen o del encuentro con los chicos escuálidos –de los que, de todos modos, se han olvidado hace un rato– pero hoy el cartel parece brillar más que nunca, las letras C-O-L-O-R-S centelleando igual que estrellas hacia las que dirigirse desde lugares lejanos, como una señal en el cielo, como una buena noticia. Entran de la mano, riendo de anticipación, felizmente juntas, seguras de estar en el mejor lugar posible.

Tesis de B

Tamoién la euforia:
una genealogía de
sosiegos, erupciones y
alegrías de la amistad

Ana Garriga y Carmen Urbita

Ana Garriga y Carmen Urbita *son* Las hijas de Felipe, *nombre con el que en 2020 empezaron su podcast sobre rincones olvidados del Barroco, siempre guiadas por la premisa de que «todo lo que te esté pasando a ti ahora, ya le pasó a alguien en los siglos XVI y XVII». Desde entonces, han sido colaboradoras de* A vivir (Cadena Ser), *han contribuido en medios como* SModa *y* CTXT, *han participado en distintos festivales de creación y han colaborado con el Museo de El Prado y Patrimonio Nacional en tareas de divulgación.*

También la euforia: una genealogía de sosiegos, erupciones y alegrías de la amistad

ANA GARRIGA Y CARMEN URBITA

En noviembre de 2020, atosigadas como todo el mundo por el recogimiento de la pandemia y desorientadas ante una distancia que nos había arrebatado el refugio de nuestro incesante ritmo de charla habitual, decidimos poner remedio a los estorbos de la amistad concibiendo un escenario temático y sonoro en el que recobrar al menos un espejismo de nuestras rutinas y biorritmos compartidos. Como tanta gente en aquel año, nosotras también decidimos comenzar un podcast. Pero si la amistad atravesaba casi todas las iniciativas de aquel pequeño *boom,* la ternura y el apego de *Las hijas de Felipe* pronto pasó a ser más que el acicate que engendró aquella criatura para convertirse en el objeto mismo de nuestras indagaciones más obsesivas. Cada nuevo episodio es la secuela de un flechazo amistoso casi tan arrebatado como el que en 1608 llevó a la carmelita Ana de Jesús a escribirle a su adorada Beatriz de la Concepción: «que estamos hechizadas la una con la otra, porque el día que no hablo con vuestra reverencia no puedo vivir». Pero es la urgencia de ubicar las coordenadas históricas de las redes de amistad femenina y el deseo de trazar y compartir genealogías celebratorias en las que reconocernos lo que sigue alentando nuestro extrañísimo empeño en sostener un podcast ceñido a la cultura de los remotos y manoseados siglos XVI y XVII. «Todo lo que te pasa a ti ya le pasó a alguien en los siglos XVI y XVII», decimos siempre. También la euforia, los desvelos, las turbulencias, los cuidados, el rigor y la devoción de las amigas.

Si cometiésemos, sin embargo, el desacierto de perseguir su rastro en las voces más canónicas de nuestros siglos más favoritos, nos daríamos de bruces con un páramo muy desalentador. En su ensayo *De la amistad*, Michel de Montaigne pronto se sacude de encima la existencia misma de la amistad femenina con una ligereza lapidaria:

> La común inteligencia de las mujeres no alcanza para que puedan compartir la conversación y comunicación propias de tan sagrado vínculo; ni su ánimo posee la constancia necesaria para resistir un nudo tan apretado y duradero.

Poco importó que él mismo hubiera trabado tal nudo con Marie de Gournay, la escritora y filósofa que se ocupó, tras la muerte del francés, de cuidar de cada una de sus correcciones y notas manuscritas para publicar la tercera edición de los famosos *Ensayos*. «No hay constancia», insiste, «de que el sexo femenino haya dado pruebas de semejante afecto, y los antiguos filósofos declaran a la mujer incapaz de profesarlo». Si libros y doctrina pesaron más que la compañía y la lealtad inquebrantables de De Gournay quizá fuera por el mismo motivo que convenció al escritor de que su intercambio epistolar con el magistrado Étienne de La Boétie daba forma a un vínculo muy superior al fundado con Marie en las larguísimas horas de charla y presencia palpable en su torre de la Dordoña: «una testaruda y atragantada digestión de sentencias aristotélicas y ciceronianas que concretaban la noción de amistad en una asociación voluntaria y libre» de la que participaban «solo las almas», nunca los cuerpos.

Es lejos de voces tan autorizadas y amplificadas como la de Montaigne, en el cobijo de la subjetividad y la sociabilidad femeninas que fueron los conventos de la modernidad temprana, donde se pueden escarbar los retazos de vidas y ataduras que desmienten esa aséptica práctica incorpórea de la amistad. Para cuando Teresa de Jesús muere en Alba de Tormes en octubre de 1582, el mismo año en el que Montaigne daba a la imprenta la segunda edición de sus *Ensayos*, había dejado tras de sí diecisiete conventos de carmelitas descalzas.

Desde Pamplona hasta Sevilla, las fundaciones carmelitas revolucionaron el atiborrado panorama conventual de mediados del siglo XVI con pequeñas comunidades sostenidas en la intimidad de «solas doce mujeres, y la priora» que, a través de la contemplación y la pobreza, pretendían acercarse a la espiritualidad primitiva de la vida eremítica. Y, sin embargo, cuando miramos a los vestigios textuales y materiales que nos han quedado de Teresa y sus discípulas, lo que descubrimos son casas levantadas sobre la recreación y la conversación, sobre prácticas colaborativas de escritura, sobre una enternecida entrega a los cuidados que, sobreponiéndose y abrazando las asperezas de la cotidianeidad con las amigas, lograron convertirse en rinconcitos dedicados a la gratificante sensación de la pertenencia y la celebración de la amistad.

Achacadas por romadizos, cuartanas y males de madre, las monjas carmelitas encontraron en la recreación textual del cuerpo y la enfermedad un espacio sanador para afianzar los lazos amistosos entre los lejanísimos conventos reformados. En las más de cuatrocientas cartas que se han conservado de Teresa de Jesús, la circulación de remedios y recetas convive con minuciosas descripciones de cuerpos enfermos que si, de un lado, alteraban inoportunamente los ritmos rutinarios de la vida en comunidad y ponían en peligro el buen funcionamiento del engranaje conventual, también se convertían en vehículos para bosquejar amorosas entregas a la búsqueda del bienestar compartido y para aunar a todas las monjas bajo una misma experiencia corporal y afectiva.

A lo largo de 1576, la priora de Malagón, Brianda de San José, siempre asediada por terribles enfermedades, vio cómo su salud empeoraba repentinamente. La honda tristeza que Teresa siente por el incesante malestar de una de sus prioras más admiradas ocupará muchas de las cartas de aquel fatídico año y, así, el abismo geográfico que mediaba entre conventos tan distantes como Malagón y Sevilla logrará disiparse cuando Teresa comparta las esperas y las incertidumbres, la blandura y el compromiso que siempre surgen al intentar poner en palabras, titubeantes, el desasosiego indescriptible que surge al contemplar en la lejanía el sufrimiento de las amigas. El 13 de octubre de 1576, le escribirá a la priora de Sevilla María de San José:

> Harta pena me ha dado su mal; no sé qué me haga para no sentir tanto los que tienen estas prioras. La de Malagón está mejor, gloria a Dios. Vuestra reverencia mire por sí, y guárdese del agua de la zarzaparrilla para nadie, y por amor de Dios que no se descuide a dejar esa calentura sin remedios, aunque no sean de purgas.

Si la vigilancia afectuosa de los cuerpos y el alivio diligente de sus padecimientos en la estrecha urdimbre conventual perfila una experiencia de la amistad radicalmente alejada de la higiénica y vaporosa relación imaginada por Montaigne, los roces alborotados que a menudo percutían el engranaje de la clausura nos vuelven miope y desencaminado, también, un ideal amistoso que se desea cómodo, ligero e imperturbable. El sentimiento amoroso «es más activo, más ardiente», «un fuego temerario, inseguro, variable e inconstante; un fuego febril, sujeto a vaivenes e intermitencias». La amistad, al contrario, es para el filósofo un oasis de esa volcánica erupción de las pasiones: «En la amistad, el calor es general, se distribuye por igual por todas partes, atemperado; un calor constante y tranquilo, todo dulzura y calma, libre de angustia o de aspereza». Es tierno y es inevitable sorprender a un autor tan empeñado en desmaterializar los afectos viéndose atrapado en un léxico anclado en la fisicidad de los equilibrios somáticos. La herencia galénica permeaba unos convencimientos médicos de los que Montaigne, irremediablemente, participaba, y que comprendían el cuerpo como un complejísimo y atareado sistema de cuatro humores, siempre inmerso en un precario equilibrio calórico en constante búsqueda de la más saludable de las templanzas. Pero, del mismo modo en que el cuerpo humoral precisa de una cíclica alternancia entre congestión y descarga de fluidos, también la enmarañada intimidad de las pasiones amistosas busca, a tientas, un alivio esporádico de tensiones que harían mal en soslayar todo asomo de angustia o aspereza.

De entre todas las desavenencias que salpicaron el recorrido fundacional de Teresa de Jesús, quizá la más amarga fuera la que ensombreció su amistad con María de San José. Las monjas se conocieron en 1562, cuando la todavía María de Salazar era adolescente, y la santa se vio obligada a acudir al palacio toledano de Luisa de la Cerda para sosegar a la hija del II duque de Medinaceli en su reciente viudez. La joven cayó rendida, hechizada, devorando los arrobamientos de Teresa a través de la mirilla de su celda. De esta admiración desmedida, que llevó a María de San José a tomar el hábito en Malagón, nació una sólida amistad robustecida en los traqueteos compartidos del carromato que las llevaba camino de la fundación sevillana, en las noches de posadas miserables

y en el entusiasmado acopio de coplas y anéc-
dotas nacido al calor de un proyecto compartido. Gestora infalible y obstinada, santa Teresa
pudo sin embargo ceder ciertas decisiones a
María con la tranquilidad de delegar en una
amiga más que astuta. Quizá demasiado. El
calor constante y templado del afecto que liga-
ba a las dos carmelitas fue albergando conatos
de incendio cada vez más frecuentes. En 1577
Teresa le afea a la ya priora del convento sevi-
llano sus dobleces y segundas intenciones lla-
mándola «raposa». Tampoco le hará ninguna
gracia a la santa que, estando ella sumida en
malabares económicos para sustentar la fundación andaluza, su amiga decida agasajarla
con regalos prohibitivos: «¡Cómo presume
ya de enviar dineros! ¡En gracia me ha caído,
para estar yo acá con tanto cuidado de cómo
ellas se han de valer!». Desobediencias y malestares financieros se entreveraron en la que
probablemente fuera la erupción definitiva. A
finales de 1577 Teresa descubre que María de
San José ha orquestado, a sus espaldas, la mudanza de la fundación sevillana a una nueva

casa, y Teresa no duda en recordarle que aquel convento se había levantado, en gran medida, gracias a lo invertido por su propio hermano, Lorenzo de Cepeda: «Si tiene tantos dineros», le escribe, «no se olvide de los que se deben a mi hermano». Con el carmelita Jerónimo Gracián tiene Teresa un fulminante desahogo de escozores y desengaños que solo pueden brotar de la más aguda de las pasiones amistosas:

> Con harta pena me tiene el desatino de aquella priora, y mucho ha perdido conmigo el crédito. Temo que el demonio ha comenzado por aquella casa y que la quiere destruir del todo. [...] Veo una rapacería en aquella casa que no lo puedo sufrir, y esta priora es más sagaz que pide su estado, y así he miedo nos trae engañadas y que, como yo la decía allá, que nunca conmigo anduvo llana [...]. Como ha escrítome muchas veces con gran arrepentimiento, pensé que estaba enmendada, pues se conocía. Poner a las pobres monjas en que la casa es tan mala, basta para que la opinión las enferme. Cartas le he escrito terribles, y no es más que dar en un acero.

Nada de esto fue irreversible. Pocos meses después exclamaba Teresa, «[y]o me espanto de lo que la quiero»; y, un poco más tarde: «Yo cierto la quiero más de lo que piensa a vuestra reverencia, que es con ternura, y así deseo que acierte en todo, en especial en una cosa tan grave. Es el mal que mientras más amo, menos puedo sufrir ninguna falta».

Los siete años de amistad que *Las hijas* contamos no han sufrido los tropiezos de la Contrarreforma ni las aflicciones de las gestiones fundacionales (aunque sí han sobrevivido a disciplinas académicas salvajes, a descalabros amorosos y a los reveses más oscuros de la vida), y han estado libres de tiranteces siquiera parecidas a las que distanciaron temporalmente a las dos carmelitas. Pero trazar genealogías de las pasiones y querencias de la amistad es reconocer, desde el reposo, que vendrán otros momentos más febriles, menos templados, a regular las intermitencias del delicado vaivén amistoso. Solo cabe esperar que para entonces sepamos suturar cualquier resquemor emulando la amorosa templanza de santa Teresa cuando el 2 de julio 1576 escribía a María de San José:

> Heme holgado tanto [con su carta], que me enterneció y caído en gracia sus perdones. Con que me quiera tanto como la quiero yo, la perdono hecho y por hacer, que la más queja que tengo de ella ahora es lo poco que gustaba de estar conmigo, y bien veo que no tiene la culpa. [...] Y créame que la quiero mucho y que como yo vea esta voluntad, lo demás es niñería para hacer caso de ello.

Si los sentidos perdones y las truculentas ecuaciones de te quiero le sirvieron a Teresa para remontar una de las muchas rencillas con su María de San José, las carmelitas también sabían, como sabemos *Las hijas de Felipe*, que pocas cosas ayudan más a deshacerse de pesadeces y melindres amistosos como la ligereza de las celebraciones y diversiones. Tras la muerte de Teresa de Jesús en 1582, sus discípulas más cercanas se vieron obligadas a luchar fuertemente contra modelos más rigoristas que, desde la cúpula de la orden carmelita, amenazaban con dinamitar el legado carismático y recreativo sobre el que, desde hacía veinte años, se sostenían sus comunidades femeninas. Por eso, cuando Ana de San Bartolomé escriba sus *Conferencias espirituales* para las novicias del recién fundado convento de Amberes no dudará en insistir que la experiencia le ha demostrado que lo único que logra apaciguar con éxito posibles tristezas, desidias y arranques melancólicos es la compañía calurosa de las amigas:

> Y veréis por vosotras, que algunas veces vendréis tristes y melancólicas a la recreación y que vais con repugnancia, y veréis que la alegría y buen espíritu de las hermanas os divierten de vuestra pena y se os vuelve en alegría... Esto decía nuestra santa, que tenía experiencia de ello, y ella era la primera, cuando los negocios le daban lugar, que se iba con todas y nos encendía en el amor de Dios.

Desde nuestro primer año del doctorado en Estados Unidos, cuando ya empezábamos a atisbar las arideces que traía consigo una vida tan lejos de casa, *Las hijas de Felipe* supimos construir un reducto amistoso entre las largas horas de estudio, en el que aprendimos enseguida a rentabilizar lecturas y obligaciones en instancias de recreación compartida. En una de nuestras primeras clases, una compañera mencionó un libro que enseguida despertó nuestra atención. Se titulaba *Inclinaciones. Crítica de la rectitud* y lo había escrito la filósofa italiana Adriana Cavarero. El libro cayó, como tantos otros, en un saquito inabarcable de referencias y solo ahora, al pensar en las carmelitas, ha vuelto a aparecerse frente a nosotras. En 1590, María de San José escribe un texto titulado *Consejos que da una priora a otra que ella había criado* donde asegura que la semilla de ese pequeño manual de gobierno conventual la ha encontrado en «la obligación que a esa casa tengo y la que al consuelo y bien de las hermanas el amor y ternura me inclina como a hijas del corazón». Ese *me inclina* nos llevó a rebuscar en el saquito de referencias hasta rescatar, de aquel lejano 2016 que había inaugurado nuestra amistad, el libro de Cavarero.

La meritoria tarea de la filósofa italiana consiste en repensar la subjetividad en términos de inclinación, proponer un nuevo modelo ético basado en el altruismo, que conteste la verticalidad jerarquizada, masculina e individualista del *Homo erectus* que sostiene el pensamiento occidental. Cavarero encuentra la imagen definitiva de esta subjetividad oblicua, que se entrega a la comunidad, en las madonnas renacentistas. Nosotras la encontramos en las monjas de nuestros siglos más favoritos de la historia, volcadas siempre en trazar tupidas redes de cuidados, de amistad y de transmisión del conocimiento. Son ellas las que nos llevan hasta otro rincón de los siglos XVI y XVII desde el que heredar modelos alternativos de inclinación, otras formas de subjetividad comunitaria porque, como decía santa Teresa, como sabían todas sus discípulas y como hemos aprendido nosotras: «gran mal es un alma sola entre tantos peligros».

Bibliografía

Cavarero, Adriana (2016), *Inclinaciones. Crítica de la rectitud*, trad. Miguel Ignacio Moyano, Barcelona, Fragmenta, 2022.

De Jesús, Teresa, *Obras completas,* eds. Efrén de la Madre de Dios y Otgger Steggnik, 9ª ed., Madrid, Biblioteca de Autores Cristianos, 2012.

De Montaigne, Michel, *Los ensayos* (según la edición de 1595 de Marie de Gournay)., trad. y ed. J. Bayod Brau, Barcelona, Acantilado, 2007.

De San José, María, *Avisos para el gobierno de las religiosas*, ed. Juan Luis Astigarraga, Roma, Instituto Histórico Teresiano, 1977.

De San Bartolomé, Ana, *Obras completas de la beata Ana de San Bartolomé*, tomo 1, ed. Julen Urkiza, Roma, Teresianum, 1981.

Torres Sánchez, Concepción (1995), *Ana de Jesús. Cartas (1590–1621). Religiosidad y vida cotidiana en la clausura femenina del Siglo de Oro*, Salamanca, Ediciones Universidad de Salamanca, 2005.

Tapar las estrellas con un puñado de ranas

Andrea Momoitio

Andrea Momoitio *(1989, Ortuella) es periodista. En la asamblea de* Pikara Magazine. *Colabora en* Público. *Autora de* Lunática *(Libros del K.O.). Extímida. Lesbiana y feminista, en ese orden. Impulsora de La Sinsorga, un centro cultural feminista en Bilbao.*

Tapar las estrellas con un puñado de ranas

ANDREA MOMOITIO

A Paula Campo Arrastia por enseñarme a entender, cuidar y valorar los vínculos.

Cuando desperté, mi padre y mi madre estaban ahí. Sentados en mi cama. Tenían algo que contarme. La que era entonces mi mejor amiga se había comido los morros con el chaval que, en teoría, me gustaba a mí. Ellos, pobrecicos, lo habían visto. Trataban de consolarme y yo no me atreví a decirles la verdad. No sé si por disimular, por miedo o por vicio, pero durante la adolescencia me monté grandes películas. Aquella podría haber acabado rápido, sin que mis santos progenitores sufrieran por mi mal de amores, pero tampoco ese día les dije la verdad.

A mí me gustaba mi amiga y lloré durante horas en la cama. A ella, por supuesto, tampoco le dije nada. Pasaron los meses y, sin darle ninguna explicación, me distancié. Recuerdo perfectamente sus paletas montadas, lo bien que le quedaban los vaqueros, el tono de su voz, la relación tan bonita que tenía con su madre. He intentado buscarla en Instagram, pero ya no me acuerdo de cómo se apellidaba. Buscar en la foto de la orla me da mucha pereza, la verdad. Me manejo bien entre mis vagos recuerdos. Pensé durante mucho tiempo que era incapaz de encajar en ningún grupo, que había algo podrido dentro de mí. Ella no fue la única de la que me distancié sin ton ni son. Entonces estaba enganchada a Cadena Dial y, que me perdone Dios, pero escuchaba Andy y Lucas.

Porque eres tan hermosa y a la vez tan difícil
Porque la vida pasa y pasa y te quiero a mi vera

A mí nadie me ha enseñado qué es la amistad. Es cierto que todo lo que sé del amor podría habérmelo ahorrado. Atentas al detalle. He hablado de amistad y he hablado de amor y me habéis entendido. Todo lo que sabemos del amor, lo que se ha estudiado desde diferentes disciplinas, ha relacionado directamente el amor con las relaciones de pareja. El amor, ese sentimiento que también vincula el resto de las relaciones que tenemos, tiende a quedar en un segundo plano si no hablamos de una pareja. Nadie duda de que amamos a nuestra familia –si es que tienes una buena relación con ella–, ni que amamos a las amigas –si es que tienes el privilegio de tenerlas–, pero si alguien dice amor todas nos imaginamos lo mismo. Es más: pensamos en amor y pensamos en parejas heterosexuales. Eso es lo que nos han enseñado en casa, en el cole, en el cine, en la radio, es ese amor al que le cantan los payasos de Andy y Lucas. Por eso, nunca supe que me había enamorado de aquella chavala y, por eso, no supe identificar que aquel alejamiento era una estrategia de defensa ante el desamor. Me había roto el corazón y no pude disimular de ninguna manera.

> *Si me trataste como a un juguete sucio y*
> *abandonado*
> *Si no comprendes que el amar es algo más que*
> *besarnos*

Lo cierto es que, si preguntamos por ahí o nos preguntamos por dentro, lo más probable es que casi todas respondamos que la principal diferencia entre el amor de pareja y el amor de las amigas pasa por las relaciones sexuales. La gran mayoría de las parejas o la propia existencia de las personas asexuales –y la complejidad de este espectro– desmontan la posibilidad de esa respuesta. El amor, en cualquiera de sus manifestaciones, es una energía que, cuando no está atravesada por la violencia, está atravesada por la voluntariedad y la intimidad. Ambos elementos, sin embargo, suelen estar presentes tanto en las relaciones de pareja como en las relaciones entre amigas. ¿Quizá

la construcción de un proyecto de futuro podría ser una diferencia? Los nuevos (sic) modelos de pareja o la construcción de proyectos
colectivos con amigas invalidan también esa
hipótesis. Solo encuentro dos diferencias entre
ambos tipos de relaciones. Por un lado, lo que
tiene que ver con el romanticismo entendido
como la construcción de un relato romántico
entre dos o más personas. La voluntad de escribir una historia de amor. Algo que me cuesta detectar más en los vínculos de amistad. Los
límites, sin embargo, se difuminan. Entre las
bolleras, probablemente más. Por otro lado, la
amistad es un vínculo que para que pueda darse debe ser recíproco. Tú puedes enamorarte
de alguien sin que ese alguien se enamore de ti
y nadie pone en duda tus sentimientos. Entre
las bolleras, probablemente menos.

> *Envidio a todo aquel que el amor ha*
> *encontrado*
> *Que lo mío no es de ir de flor en flor, que de*
> *eso ya me he cansado*

Creí que era la manzana de la discordia, que nunca estaba conforme, que era la típica burra a la que hacían obispo y lloraba. Cambiaba mucho de mejor amiga y, ahora, solo ahora, me doy cuenta de que estuve enamorada de todas ellas. Solo pude hacer amigas de verdad, construir vínculos bonitos, cuando me permití vivir un festín de comer coños en absoluta libertad. Benditos aquellos baños y ascensores donde aprendimos a follar a escondidas. Fue salir del armario y ya estaría. Entendí lo que eran las amigas y lo que era el deseo aunque, en ocasiones, todavía hoy, meta mis dedos donde no hay que meterlos. Disculpen la grosería, pero «meter la pata» no funciona tan bien como metáfora en esta ocasión.

Solo quería adornar las noches con tu cara morena
Y decirte que hay corazones que no huyen de la tormenta

La amistad siempre se ha observado comparándola con otros tipos de relación. Puede

que sea la más libre de todas y la menos ins-
titucionalizada, pero, a la vez, la amistad está
completamente atravesada por las circunstancias concretas que rodean nuestras vidas.
Las amigas, como norma general, suelen ser
de nuestra edad, de nuestro pueblo o ciudad,
suelen ir al mismo colegio que nosotras, compartimos con ellas generalmente clase social.
No hay escapatoria, no hay mucha capacidad
de elección. Por eso, la amistad también puede acabar convertida en un privilegio y, como
tal, no estar al alcance de cualquiera. Si, por
casualidad, acabas en un colegio con personas
de una clase social muy distinta a la tuya; si
no compartes los cánones estéticos con tu entorno, si no te gustan las mismas cosas que a
las demás; o si eres bollera puede que acabes
siendo expulsada de los espacios de referencia
en los que el resto se permite construir amistades. Hace unos años, en *Pikara Magazine*,
publiqué «Lesbianas, tierras y tomates», un
artículo en el que me preguntaba si el arrai-
go es un privilegio. Entonces, rescataba unas

palabras de Gloria Anzaldúa que, hoy, vuelven a retumbar en mi cabeza: «Yo no traicio-
né a mi gente, sino ellos a mí. De modo que
sí, aunque el "hogar" permea cada tendón y
cada cartílago de mi cuerpo, a mí también me
da miedo ir a casa».

A veces la miro y lloro y lloro
Pensando que pudo y no fue al final

Los recuerdos me golpean las sienes. He llamado «amigas» a muchas personas de las que
ya no me acuerdo y echo de menos a algunas
viejas conocidas que me hicieron daño. Me
acuerdo, por ejemplo, de J., que fue diciendo
por ahí que me había comido mi propia pota.
Era Nochevieja. Todavía no eran ni las dos de
la mañana y yo ya me había bebido una botella de Negrita. La última botella de Negrita
de toda mi vida. Me acompañó a vomitar a la
fuente del parque y yo, a pesar de que llevaba
un pedo tremendo, fui plenamente consciente
de que no había masticado bien los percebes
de la cena. Hice una broma: Podría volver a

comérmelos». Ella, que todo su afán era –igual que el del resto, la verdad– quedar bien con los tíos de la cuadrilla, hizo una interpretación libre y cruel de aquel chiste de mierda. Al día siguiente, todavía con resaca, alguien gritó al verme: «¡Mira, la potas!». La verdad es que sé perfectamente quién fue, pero me produce un asco tan tremendo que no pienso ni escribir la inicial de su nombre. Dice el filósofo Emilio Lledó Íñigo que «nuestra forma de querer, las perspectivas que acogen cada historia de amor y de amistad, arrancan, fundamentalmente, de un tiempo pasado en el que nuestras decisiones y elecciones han ido dibujando los contornos de una personalidad». Algunas, por tanto, lo tenemos jodido porque llegamos profundamente dañadas al amor.

Ver a las nubes, tapar las estrellas
Estrellas que solo te quieren mirar

En *Las familias que elegimos. Lesbianas, gays y parentesco*, un clásico ya de la literatura LGTBQI+, Kath Weston explica perfectamente qué es lo que nos ha pasado a muchas maricas, bolleras y trans: hemos sido exiliadas del parentesco. Así como otras autoras y otros autores han analizado el fenómeno del sexilio –término que se utiliza para explicar los procesos migratorios, generalmente de pueblos o ciudades más pequeñas a otras más grandes que viven muchas personas LGTBQI+–, Weston escribe acerca de los procesos de expulsión de los propios afectos. Al menos en nuestro contexto porque, como afirma, «no todas las culturas dan a lo biológico esta importancia en la descripción y evaluación de las relaciones».

A partir de un elaborado análisis de campo, concluye que las relaciones de amistad entre las personas LGTBQI+, de alguna manera, suplen el abandono. Todo ha cambiado mucho desde que se publicó el libro en 1991, pero me atrevo a afirmar que cierta sensación de abandono o, quizá más bien, de decepción sigue acompañándonos a muchas. Tal vez por eso, las amigas resultan una red de tanta consistencia para muchas lesbianas. ¿Puede que esa defensa de las nuestras tenga mucho que ver con el miedo a la pérdida? Mi amiga I. dice de broma, que en el mundo debemos de ser solo mil bolleras. El caso es que, a falta de un censo, al menos en el Estado español, las redes de lesbianas vinculadas al feminismo son muy sólidas. Un bollodrama puede trascender de San Francisco a Entrevías en apenas cuatro o cinco mensajes de WhatsApp. ¿No será también que no queremos arriesgarnos a este exilio del parentesco del que habla Weston? En un contexto de evidente lesbofobia, aunque la situación ha mejorado considerablemente, el avance de los discursos de odio también es indiscutible, a veces solo nos tenemos a nosotras. A esas que sabes que no dirían dónde estás escondida cuando vienen los malos, esas que te acompañan al médico y al súper; las que conocen todas las miserias de tu familia de origen, las que nombran a tu terapeuta por su nombre y están ahí siempre que son capaces de sostenerte. Esas que también te dicen que no cuando necesitan respirar sus miserias en libertad.

Porque eres la cuna que mece sin nada
Porque eres la lluvia que no hace mojar

Quizá porque me enamoré de cría de muchas de mis amigas, todavía hoy sigo viviendo auténticos procesos de enamoramiento con muchas de ellas. Siento, cada vez que conozco a una amiga potencial, que nadie en el mundo está a su altura, que es la más guapa, la más lista, la más ingeniosa, la más divertida, la más generosa de todas las personas del planeta. Disculpen que, en esta ocasión, me brote por todos los poros esta exageración tan bilbaína que me caracteriza. Sería una gran alcaldesa para mi ciudad a la que acusarían pronto de prevaricación por nombrar concejalas a todas las mías. Tanto que me han acusado varias veces de ser posesiva. Me siento más posesa, pero asumo la crítica. Llenaría el consistorio de mis amigas y decretaría prisión para quien las criticara. Construiría una burbuja de cristal en la que viviríamos en armonía y libertad. Rodeadas de perras salvajes y hambrientas que harían el trabajo sucio. No manejo bien los límites de la lealtad y, por hache o por be, me equivoco a menudo.

Sin ti yo veía tardes de historias
Historias que nunca quise ver acabar

Mi mejor amiga me dejó sin darme explicaciones y, tras un par de años de silencio ensordecedor, solo fue capaz de decirme que había salido reforzada de la ruptura. Yo, que no he aprendido nada de tanto dolor, me tuve que conformar con una explicación de mierda. Las disculpas ahora me las pido a mí por construir burbujas y expectativas. Ante una puerta que antes era mi casa, me encontré con un simple trozo de madera. Los duelos se te agarran al pecho y lo inundan todo por dentro, te dejan en silencio. La necrosis nace del corazón cuando cierras, por última vez, la puerta, pero la rabia se acaba extendiendo por todo el cuerpo. Llegan entonces, casi siempre a destiempo, las respuestas brillantes a algunos desplantes; los orzuelos insospechados, las úlceras en el estómago, el rugir de las tripas, la furia que te atraviesa todo tu *body* jodido, las canciones que te desgarran el alma y las que te invitan a no creer en nada. Es lo que tienen los duelos, que duelen, que se escriben con sangre podrida. No hay saltos de página posibles por mucho que tú te empeñes en tratar de hacer como si nada hubiera ocurrido. Los duelos se acumulan y no por eso dejan de doler. No importa quién conjugue el verbo, quién tome la decisión, quién haya sido la primera en buscar la puerta de huida. Lo que duele es precisamente eso: quedarte sin lugar al que volver, sin cuerpo que te cobije del mundo, sin esa intimidad que te dan esas amigas que pensabas que eran para siempre. Ese lugar de dejarse caer porque crees que es posible, porque crees que es ahí, porque crees que estás protegida de los ruidos del bosque: de las putas lechuzas y la madre que las parió a todas.

No te recuperas nunca de algo así, pero yo también he fallado a las mías.

Tanto la quería, tanto que yo
Por ella moría, eso bien lo sabe Dios

Cuando conocí a M. flipé porque me dijo, sentadas en un banco detrás de la piscina, que era marica. Luego, la vida nos puso a buscar «transexualidad» en el buscador. Entonces no sabíamos lo que era Google. Recuerdo entonces mi primera traición. Me pidió que no se lo contara a nadie, pero yo se lo conté a mi familia. La situación me quedaba grande. Estuvimos muchos veranos encerradas juntas en mi casa. Veíamos *Pasión de gavilanes*, tirábamos huevos por el balcón y nos sentábamos a fumar pitillos en una chopera. No sabía qué era la socialización de género, no sabía lo que era el feminismo, no sabía ni que yo era lesbiana, nunca había escuchado hablar de autodefensa feminista, pero le pegué un precioso puñetazo al imbécil que le gritó «travelo» delante de mí. Nos distanciamos después. No pude seguir protegiéndola. Ahora somos amigas, nos queremos, pero no sé si me cae del todo bien. Entre otras cosas, no puedo perdonar que haya perdonado a muchas de las que le hicieron tanto daño. Al menos, creo que sabe que habría matado por protegerla de esas a las que hoy ella llama «amigas» y yo ya no sé ni cómo se llaman. La maldita lealtad. Vengo de un sitio donde esta se valora por encima de casi todo aunque me ha tocado aprender también que la lealtad se gana. Yo no me la he ganado en mi entorno natural porque soy bollera. Lo tengo clarísimo. Es más, no me cabe ninguna duda. Entre las bromas sobre las ex, los *círculos concéntricos* y otras leyendas sobre la cultura lésbica, creo que a veces se nos escapa entre los dedos alguna reflexión que tampoco yo alcanzo a entender del todo ahora.

Ella es la reina de mi inspiración
Por la que yo sufro la musa de mi amor

La amistad es, probablemente, el vínculo menos explorado por la literatura. Mientras se han escrito millones de líneas sobre el amor de las parejas o los vínculos que se generan con la familia, apenas hemos dedicado tiempo a pensar en la amistad. La amistad puede ser completamente aleatoria. Puede empezar y acabar sin que te des mucha cuenta. No hay un Tinder para hacer amigas. A no ser que se modifiquen sustancialmente tus circunstancias materiales –que te mudes o que cambies de trabajo, por ejemplo–, ¿dónde hace alguien amigas? ¿Y dónde se pierden?

No tengo respuestas, pero sí sé, porque me ha tocado atravesarlo, que romper con una amiga es una experiencia que, además de ser extremadamente dolorosa, afecta especialmente a la autoestima. Las rupturas de pareja están más asumidas. A pesar de tener absolutamente interiorizado el mito del amor romántico y la expectativa de encontrar, algún día, ese amor para toda la vida, las rupturas se han asumido incluso en la Casa Real, símbolo por excelencia de los valores más tradicionales. Hoy, gracias al empuje del feminismo, dejarlo con tu pareja se asume como una posibilidad en prácticamente cualquier ámbito de la sociedad. Sabemos que las cosas se acaban, que no hay que aguantar, algunas hemos logrado esa ansiada independencia económica que nos permite vivir los vínculos con cierta libertad. Hay muchas razones por las que puedes no querer seguir planteando un proyecto de vida con alguien y todas pueden sonar benevolentes. Nadie tiene la culpa. El amor entre una pareja puede acabarse, pero ¿qué razones justifican la ruptura con una amiga? ¿Qué cosa tan horrible tienes que hacer para romper con una amiga? Podemos entender que se alejen, que se distancien, que cambie el tipo de relación, pero si no quieren saber nada de ti, sin ninguna explicación, cuesta mucho encajarlo porque te obliga a asumir que hay algo en ti que no funciona. Si se rompe una relación de pareja podemos creer que el problema está en el vínculo que nos une y trabajar por transformarlo. Siempre queda la oportunidad de ser amigas, pero después de una amiga ya no hay nada. El dolor es tan grande y la sensación de culpa tan tremenda que, al menos a mí, me invadió por completo la vergüenza.

Busco en el recuerdo y no encuentro mi pasado
Las campanas y más campanas que mi alma ha
escuchado

Con I. tuve un diario compartido. Creo que, si mi madre no lo ha tirado sin mi consentimiento, puede que esté guardado en casa. Cada día se lo llevaba una y escribía algo para la otra, que contestaba inmediatamente después. La verdad es que no sé por qué nos distanciamos. Nos hemos encontrado alguna vez y ha sido bonito. Es buena tía. Nunca olvidaré el portal, al lado de la estación de autobús, en el que pasábamos las tardes ni la excursión que hicimos un día al pueblo de al lado. Echamos el día en el río y yo me hice la chula cazando ranas. Mi padre nunca me enseñó a jugar al ajedrez, pero se me escapan pocas ranas. La mayoría, por la boca.

Tú sabes bien que a la última frontera te
hubiera llevado
Que los senderos de la vida hay que cogerlos
con dos manos

En *Identidades lésbicas*, de Olga Viñuales, se afirma que en el caso de las lesbianas es habitual que «las amistades de la infancia y adolescencia» sean sustituidas, a medida que envejecemos, «por una red compuesta en su mayoría por otras lesbianas». A través de su trabajo, Viñuales asegura que para nosotras, «las expectativas en torno a la relación de amistad se revelan, en general, como un fuerte compromiso recíproco. Un compromiso basado en la complicidad, la admiración, la ternura y la interacción frecuente». Dice también que podría decirse que las redes de amistad, en este caso, «son más densas e importantes que en el mundo heterosexual donde el matrimonio y la filiación va reduciendo las relaciones y centra la interacción en torno a la familia y al parentesco».

El trabajo de Viñuales ya tiene unos añitos, se publicó por primera vez en 1999, y esa dinámica ha sido asumida también por muchas personas LGTBQI+. Es habitual encontrarnos, en grupos de amigas o colectivos, a parejas

que comparten el mismo círculo. E, inevita-
blemente, encontramos colectivos y grupos de
amigas cuando se rompe la pareja. Entonces
sí, las bolleras desplegamos una de nuestras
grandes virtudes: establecer vínculos de amistad con nuestras ex.

Ver a las nubes, tapar las estrellas
Estrellas que solo te quieren mirar

Puede que uno de mis artículos con más éxito
sea «¿Con qué rompes cuando rompes con tu
pareja?». Lo publiqué en *Pikara Magazine* en
febrero de 2021. Entonces, tenía un cacao importante. Lo había vuelto a dejar, por segunda
vez, con la que había sido mi pareja. Contra
todo consejo de mis amigas, muchas de ellas
defensoras de eso de *darse un tiempo*, nosotras apostamos por seguir cerca. Ya habíamos
sufrido bastante, ambas estábamos de acuerdo
con la decisión y nos arriesgamos a explorar
las posibilidades que podría darnos *eso de ser
amigas*. No quiero parafrasearme. Ahí está la
hemeroteca. No ha sido fácil ni lo es ahora.

Hace poco discutimos porque nos cuesta encontrar de qué manera queremos relacionarnos. Somos amigas, sí, pero no es *una* de mis amigas. Es otra cosa. Le dije que para mí era algo así como una hermana, con todo lo que eso significa en el universo de los vínculos. Me refería a que forma parte de mi familia, que ha trascendido *eso de la amistad*, sea lo que signifique eso. Ahora me doy cuenta de que así, en ese planteamiento, refuerzo la jerarquía de los vínculos desde una óptica muy normativa. Podemos tener colegas, amigas, parejas, familias. Y es ese, precisamente, el orden de importancia que nuestra cultura otorga a cada tipo de vínculo. Buf. Pues ya no sé qué quiero que seamos, Z. Lo que sea, pero cerca, por favor.

Ver a las nubes, tapar las estrellas
Estrellas que solo te quieren mirar

Eso de que a las bolleras se nos da bastante bien mantener relaciones de amistad con nuestras exparejas creo que es cierto, pero no sé si es una virtud o fruto de las circunstancias. En el trabajo de Olga Viñuales se asegura que entre las lesbianas mayores de cuarenta años que participaron en su estudio, la mayoría decía que «sus mejores amigas, las que permanecían desde hace tiempo en sus vidas», y «de las que esperan y dan por supuesto ayuda y solidaridad», eran aquellas con las que habían mantenido una relación de pareja. Son, además, «amigas especiales». «En nuestro contexto –sigue Viñuales– no existe un sistema clasificador que diferencie entre amantes, examantes y amigas. Solo la frase "más que amigas" da a entender que existe gradación o *continuum* entre un tipo de relaciones y otras. Insisto: el libro tiene unos añitos. Hoy, a partir, sobre todo, de las aportaciones teóricas relacionadas con el poliamor o la anarquía relacional, se han instalado en nuestro vocabulario nuevos términos para nombrar viejas maneras de relacionarnos entre nosotras. Ahora, hablamos de «vínculos», por ejemplo.

Porque eres la cuna que mece sin nada
Porque eres la lluvia que no hace mojar

¿Quién es Fulanita? Fulanita es mi vínculo. A mí, la verdad, no me sirve. Tratar de deconstruir las lógicas del amor romántico, hetero y monógamo tiene que pasar por cambiar las estructuras y la sintaxis de nuestro pensamiento y no por sustituir una palabra por otra. Entiendo el miedo a hablar de «novia» o a escondernos detrás de la «pareja», pero decirle a alguien que Fulanita es tu vínculo es reconocer que Fulanita tiene contigo una relación que no tienes con otras personas. Al menos, si lo dices en singular. Si quisieras dejar en evidencia que no es el único es más útil hablar en plural: Fulanita es uno de mis vínculos. Aunque en ese caso tampoco se evita el posesivo horrible que nos sobra al hablar de novias o parejas. Podríamos decir que «tenemos un vínculo con Fulanita», pero en este caso nos enfrentamos a tener que explicar qué es lo que nos une con las amigas, la familia o la panadera a la que llevamos comprando pan de centeno años. Sí, lo sé.

El otro día hablaba de esto con tres amigas, mi novia y con una persona conocida en una cena. He querido ser exquisita a la hora de definir qué vínculo tengo con ellas, sí, pero porque quiero ser lo más precisa posible. La mayoría estaba de acuerdo con que «vínculo» es una fórmula válida para designar lo que en otros momentos hemos llamado «relaciones sexoafectivas». Miguel Vagalume ya nos explicó en un artículo de *Pikara Magazine* que es un término de origen franquista, así que ya no nos vale. Estaban de acuerdo con que era un término válido, sí, pero para referirse a personas con las que tienes «algo más» que una amistad. Así se sigue reforzando la misma jerarquía de siempre con una palabra que suena más actual. Entre risas, pensamos que quizá nos vendría bien graduarlos a partir del mismo concepto. En orden, proponemos: vinculillos, vinculitos, vínculos y vinculazos. Siguiendo esa misma lógica, aquella conversación la tuve con un vinculillo, tres vínculos y un vinculazo. Necesitamos nuevas palabras para hablar de nuevas maneras de relacionarnos, pero ¿sabéis qué?, no son tan nuevas. Es cierto que, en ciertos contextos, en contextos privilegiados en los que compartimos códigos culturales y políticos, puede servirnos, pero en otros entornos es una horterada.

No os enfadéis, anda, que yo no tengo ningún problema con lo hortera. Recordad que seguro que alguien ha visto también en vosotras *tardes de historias, historias que nunca quiso ver acabar.*

> *Tanto la quería, tanto que yo*
> *Por ella moría, eso bien lo sabe Dios*
> *Ella es la reina de mi inspiración*
> *Por la que yo sufro la musa de mi amor*

Odio a Andy y Lucas.

Bibliografía

Anzaldúa, Gloria (1987), *Borderlands / La frontera: La nueva mestiza*, trad. Carmen Valle, Madrid, Capitán Swing, 2016.

Lledó Íñigo, Emilio (2009), «Amistad y memoria», en La amistad en la filosofía antigua, ed. José María Zamora Calvo, Madrid, Universidad Autónoma de Madrid, 2009, 19-30.

Momoitio, Andrea (2018), «Lesbianas, tierras y tomates», en *Pikara Magazine*, https://www.pikaramagazine.com/2020/07/lesbianas-tierras-tomates/ (30.11.2023)

Momoitio, Andrea (2021), «¿Con qué rompes cuando rompes con tu pareja?», en *Pikara Magazine*, https://www.pikaramagazine.com/2021/02/rompes-cuando-rompes-pareja/ (30.11.2023).

Viñuales, Olga (2000), *Identidades lésbicas*, Barcelona, Bellaterra.

Weston, Kath (1991), *Las familias que elegimos. Lesbianas, gays y parentesco*, trad. Rogelio Saunders, Barcelona, Bellaterra.

¿Por qué solo vas con chicas?

Una genealogía de la amistad marica

Rubén Serrano

RUBÉN SERRANO *(Monóvar, Alicante, 1992) es periodista, escritor y un maricón de pueblo orgulloso que ahora vive en Barcelona. Su trabajo gira alrededor de la realidad LGTBI+, género, desigualdades, VIH y política. Es autor del libro* No estamos tan bien: nacer, crecer y vivir fuera de la norma en España *(Temas de Hoy, 2020) y ha participado en diversas antologías, como* Vagos y maleantes *(Egales, 2019) y* Neorrancios: sobre los peligros de la nostalgia *(Península, 2022). Su firma ha aparecido en medios como elDiario.es, El País, El Salto, EFE, Cadena Ser, Público, Pikara, PlayGround o Radio Primavera Sound. Se pasea por las redes sociales cada día como @rubenserranom, sobre todo por Twitter, donde impulsó el movimiento #MeQueer. Ahora se dedica a la comunicación política. Escribiría más si la literatura y el periodismo pagasen mejor.*

¿Por qué solo vas con chicas?
Una genealogía de la amistad marica

Rubén Serrano

Cuando era pequeño mi madre me preguntaba «¿por qué solo vas con chicas?». «Tienes que ir con chicos también y tener amigos. Llama a Andrés o a Tomás o a Miguel», me decía. Yo estaba muy feliz con mis amigas, pero como cualquier buen hijo obediente, les llamé y lo intenté. Entiendo la preocupación de mi madre: si eres un chico, ir con chicas de pequeño y de adolescente genera sospecha; y no solo sospecha de poder ser maricón, sino de ser menos hombre. «Pasa los patios con ellas, juegan a la rayuela, salta a la comba, qué niño normal hace eso, se sienta a su lado en clase, te has fijado en cómo mueve las manos». Yo todo eso lo escuchaba, aunque los adultos se creyeran que no. Para las personas de mi alrededor, mi masculinidad daba error y la mejor solución que encontró mi madre con toda su buena intención fue intentar que yo me juntara con chicos. Pero intentar alterar o forzar vínculos para arreglar los existentes no funcionó porque, ahora los dos lo sabemos, no había nada que corregir.

Como marica, hacer amigos en el instituto y en el colegio no fue fácil. Lo que se esperaba de mí era que yo fuera con chicos y que tuviera un grupo de amigos. Durante esos años me comparaba con mis compañeros, mi entorno también lo hacía y yo era consciente de que para todo el mundo yo era el *desviado*: no teníamos los mismos gustos, su lenguaje no se entendía con el mío y tanto mi forma de actuar como de ocupar el espacio eran opuestas a las suyas. Desde pequeño yo ya era leído como un no-hombre, un chaval que en lugar de ser un «hombre de verdad» era un «mariquita». Esa traición al bando masculino dificultaba un acercamiento con ellos que condujese a una relación sólida. Sentía una barrera entre ellos y yo: ni ellos me tendieron la mano muchas veces, ni yo estaba seguro de querer formar parte de su mundo. Aun así, le hice caso a mi madre y quedaba con chicos. Pasábamos un buen rato, claro, pero la conexión no se establecía.

Genealogía de la amistad marica

Aparte de hacer un recorrido por mi historia con la amistad marica, también les pregunté por su experiencia a mis amigos Gerard, Álex y Josep. Los cuatro coincidimos en lo mismo: nunca vimos a un grupo de amigos maricones juntos, ni de pequeños ni de adolescentes, por las calles de nuestros pueblos ni de nuestros barrios. No vimos a dos o tres maricas felices pasear juntas o comer pipas sentadas en un banco y charlando sobre lo que harán el fin de semana. No ha sido hasta ahora que me he dado cuenta de que mi genealogía de la amistad marica durante mi infancia y adolescencia no existe, está vacía. Durante esos años de crecimiento tuve cero referentes de amigos mariquitas y, consecuentemente, en mi mente se instauró la idea de que la amistad marica no era posible como sí lo era la amistad entre chicos (heteros), entre chicas y entre chicos y chicas.

¿Y dónde estaban los maricones? Si estaban invisibles y mezclados en el resto de pandillas como yo, entonces ¿es que los maricas no pueden ser amigos? ¿Cómo se relacionan entre ellos? ¿Cómo se conocen, cómo se encuentran y cómo se reconocen? ¿Qué lazos crean? La tele y el boca a boca me ofrecieron en forma de prejuicios los dos únicos vínculos posibles entre maricones: la fiesta y el sexo. Me gustaría saber si en algún momento durante esa época me pregunté si es que acaso los maricas no quedan para tomar café, o para ir juntos al Pull&Bear o al Carrefour, a mirar discos y videojuegos, o para comentar *Operación Triunfo*, o para hablar de las canciones de una tal Lady Gaga, o para hacer una excursión por la montaña en Semana Santa. Pero, claro, ¿cómo iba yo a plantearme todo eso si ni siquiera había visto en ningún sitio la amistad marica?

De hecho, muchos maricones (y también muchas otras personas LGTBI+, cis y heterosexuales) hemos llegado a los 30 años sin haber contemplado una amistad entre chicos en la que los tíos se abracen, se acaricien o se pregunten cómo están independientemente de su orientación sexual. Y, cuando hemos visto este unicornio, si es que hemos tenido tanta suerte, nuestra mente dominada por la norma heteropatriarcal y la masculinidad hegemónica los catalogaba de «mariconazos» porque un «hombre de verdad» no se comporta así con sus colegas. Un ejemplo paradigmático es la película belga *Close* (Lukas Dhont, 2022) en la que Léo y Rémi son dos amigos de trece años que se dan estas muestras de cariño en público, son inseparables y comparten cama en las noches de verano. Sin embargo, cuando empiezan el instituto, sus nuevos compañeros y compañeras les preguntan si son novios, censuran su afectividad y ellos se sienten atacados. En consecuencia, y como si estuviera cometiendo un pecado capital, Léo empieza a distanciarse de su amigo y a rechazarlo. Nunca sabemos cuál es su deseo sexual, pero la masculinidad «marca registrada» ya ha sentenciado su amistad. Desde pequeños nos han hecho saber que dos amigos que se tratan con cariño y con amor dan vergüenza y es una conducta de maricones. La masculinidad permite y bendice la amistad entre tíos siempre que se dé siguiendo comportamientos que no pongan en jaque su hombría ni los exponga como débiles y vulnerables, es decir, que no visibilicen sus emociones. Ese modelo de amistad también nos ha incapacitado a nosotros, los maricas, durante nuestros años de crecimiento. Al igual que Léo, yo asumí por supervivencia que era mejor no mostrar ni un ápice de afecto por ningún chico. Con mis indefensos nueve años lo último que quería era convertirme en el marginado de clase y que el deseo que efectivamente sentía por los hombres fuera el hazmerreír de mis compañeros.

Si me costó hacer amigos maricas fue porque ese tipo de vínculo con otro marica no lo tenía registrado y, además, porque no sabía cómo relacionarme con ellos. Y no sabía cómo relacionarme con ellos porque no sabía cómo relacionarme conmigo mismo. Durante mi infancia y adolescencia desconfié de mí mismo por ser maricón. En mi cabeza sobrevolaban dudas y miedos constantes: ¿perderé a mi familia si se enteran de que su hijo está enamorado de Alejo Sauras y obsesionado con el modelo rubio del anuncio de Calvin Klein (Fredrik Ljungberg, futbolista sueco, que lo he buscado…)?, ¿encontraré el amor alguna vez?, ¿si cuento a mis amigas que me gustan los chicos seguirán a mi lado? Desconfiaba de mi propia validez y eso hizo que también desconfiara del resto de maricas que se cruzaban en mi vida. Si yo no era apto, entonces ellos tampoco. Los mariquitas eran mi propio espejo y en él se reflejaba el miedo, el terror y la búsqueda desesperada de la aceptación que anhelaba. Por eso, cuando rompí con esa homofobia interiorizada e inculcada y reconocí como iguales a los maricas, empecé a ver las heridas mutuas, las batallas idénticas y los sentimientos compartidos por los que habíamos atravesado. En ese momento empecé a fraguar alianzas sarasas.

Mi genealogía de la amistad marica, como la de otros muchos maricones, empieza tarde. Si trazara una línea para ver cuándo se forjan mis amistades maricas ese momento no sería ni en la infancia ni en la adolescencia, sería en la edad adulta. De hecho, a mi primer amigo marica lo conocí en la Universitat de València a los 20 años, Josep. Antes me había cruzado con otras mariquitas por mi pueblo y por otras ciudades, pero con él fue la primera vez que creé una conexión sólida con un desviado como yo. Empezamos a hacer juntos trabajos de clase, a ir a los Cines Babel, a quedar para ver la serie *Looking*, a hacer planes con nuestras amigas y dejamos de ser los dos maricones del pueblo para ser dos maricas felices sexiliadas en Valencia. Había encontrado a alguien con quien disfrutar de todo lo que nos gustaba. Después llegaron Gerard, Álex, Pol, Chemi y Nacho.

Los vínculos maricas los aprendí a crear con la herramienta más poderosa que nos dieron a las personas LGTBI+: la fantasía. Mis amistades maricas las he construido a base de imaginación y a base de prueba y error. Esas uniones que se han ido forjando desde mis veinte años hasta hoy en día han ido evolucionando y cultivándose hasta formar mi hogar marica. Hoy, gracias a los cambios sociales conseguidos, sé que sí es posible la hermandad bujarra y que la estamos construyendo desde una edad más temprana, pero dos décadas atrás esta unión no formaba parte del imaginario colectivo. Cuando bajo a mi pueblo, de algo más de 12.000 habitantes, y veo a maricas jóvenes pasear por las calles, sacar la bandera arcoíris el Día del Orgullo o bailar juntas en los pubs con su pluma desatada y libre me invade una sensación de alegría y de confort, como si esos mariquitas le dieran un abrazo a mi yo del pasado, a aquel chico gordo y tartamudo que jamás se planteó poder expresar así su mariconez.

El deseo de una tribu marica

Ojalá hubiera encontrado antes un grupo de amigos maricas para compartir vivencias, sentirme menos aislado y comprender lo que estaba sintiendo. Durante mucho tiempo me he repetido este mantra agotador en bucle, como si de tanto verbalizarlo se pudiera hacer realidad de modo retroactivo. No fui el único que lo hizo. Gerard y Josep me contaron que ellos también desearon haber tenido su tribu de maricones durante su adolescencia y veintena. «¿Por qué crees que lo querías tanto, Josep?». Me respondió por nota de voz: «Siempre he sido el gay de un grupo de mayoría de chicos y chicas heteros. Tengo pocos amigos gais pero los que tengo son muy cercanos. Son chicos como tú con los que comparto cosas que no comparto con nadie más. Tengo un nivel de intimidad, de confianza y de expresión sin filtros que no encuentro con otros amigos heteros. Es más fácil abrirte cuando sabes que la persona que tienes enfrente puede empatizar contigo».

La tarde que fui al cine con Gerard y Álex a ver el último corto de Almodóvar, *Extraña forma de vida*, (un plan homo por excelencia, lo sé), les hice la misma pregunta que a Josep. Gerard arrancó: «Con los años aprendes que te has perdido una parte de tu vida, no solo a nivel sexual, sino de conectar con otros chicos como tú y de poder compartir gustos e inquietudes con ellos sin que nadie te mire raro. Yo no decía que iba al concierto de Beyoncé porque sabía que eso era de maricas». Y Álex asintió mientras se liaba un piti: «Yo fui a ver a Madonna con mi madre y dije que ella me pidió que la acompañara. Tampoco contaba que me gustaba Christina Aguilera». Volviendo al presente, los cuatro hemos dejado atrás este lamento porque sabemos que lo importante es que hemos llegado a la amistad marica, aunque haya sido más tarde de lo esperado, y que tener o no tener una familia grande de mariquitas no es mejor ni peor.

Pero, ¿realmente en los grupos de maricas (y también en cualquier pandilla de amigos, amigas o amigues) somos todos amigos o también hay jerarquías y subgrupos en los que unos son más afines que otros? ¿Son espacios de convivencia, diálogo y unión entre todos? No cuestiono ni le lanzo un órdago a los grupos de amigos, pero sí quiero dejar por escrito que tener una tribu de maricas no era el culmen de la amistad ni de la homosexualidad que había idealizado. Con los años me aferré a la creencia de que una cuadrilla de amigos maricas me hubiera salvado del rechazo y del aislamiento que sentí y, sin ser consciente, pasé por alto que la amistad se construye a base de forjar un vínculo íntimo y cercano basado en el tú a tú con otra persona y que no aparece por arte de magia con quince chicos por mucho que formara parte de un clan.

Estar en este clan me hubiera dado (y me daría ahora) compañía y apoyo, pero estoy seguro de que no serían todos mis amigos-amigos. Básicamente porque el ansia por encontrarme con iguales no es garantía de tener un vínculo sólido. Me he movido por varios grupos de maricas, más o menos reducidos, movido por esas ganas de vincularme con gente como yo y en ninguno he encontrado la conexión, la confianza, la libertad y la seguridad que me dan mis amigos maricas actuales y todas mis amigas. Sin embargo, tener un grupo de mariquitas también puede ser un faro de esperanza y una oportunidad para encontrar personas similares a ti que nunca se han cruzado en tu vida, así le ha podido pasar a algún maricón de pueblo que como yo también se ha mudado a una gran ciudad o a algún marica migrante que apenas cuenta con contactos en el país de llegada. Tampoco sería justo anular el poder que tiene la sublimación y el deseo de relacionarnos.

El sistema heterosexual que me rodeaba (personas, pero también medios de comunicación, películas y la política) me bombardeó con el mensaje de que los homosexuales somos unos fiesteros y unos promiscuos. Ese adoctrinamiento homófobo salpicó la idea que tenía de la amistad marica y me hizo juzgarla.

Pensar que solo nos juntamos para el ocio es claramente reduccionista, pero, en el caso de que fuera así, no tiene nada de censurable. A todos nos gusta un buen plan despreocupado y hedonista sin más. Nosotros los bujarras tenemos derecho a divertirnos, a bailar llenos de purpurina en la discoteca o en cualquier bar, a juntarnos para tomar un vermú y hablar de banalidades, a tener amistades basadas simplemente en la afinidad y a tener relaciones más superficiales porque no podemos estar todo el día trabajándonos el espíritu. Amigos maricas y un grupo de maricas son dos tipos de vínculos diferentes, compatibles y complementarios. Álex me lo recuerda: «Mis amigos maricas sois vosotros. De la compañía inicial ha salido esta unión. Y me parece estupendo. Hasta el fin del mundo».

La imagen de los gais promiscuos me ha hecho vigilar la delgada línea divisoria que hay a veces entre amigos maricas y el deseo. A Gerard también le pasó. «Más de una vez me he preguntado: "Joder, ¿por qué me lío siempre con mis amigos? ¿Hay alguna forma de que no sea siempre así?"», me señaló cuando saqué el tema. Por supuesto que no siempre es así, pero sí que sucede. Puede suceder que dos maricones nos conozcamos, nos gustemos, nos liemos y, después de traspasar esa barrera de intimidad, empecemos a forjar una amistad. O no. O puede ser que dos amigos maricas tengamos una noche de amor como Chelo García-Cortés y Barbara Rey. Entonces Álex le respondió: «¿Por qué nos liamos o por qué he acabado follando con un amigo? En mi caso es porque tengo cosas en común con la otra persona y siento que hay confianza. Sé que voy a estar bien con él y también sé que enrollarme con esa persona y acostarme con él va a ser un lugar seguro de la hostia. Pero no creo que el deseo tiña la expectativa de amistad porque al final yo soy amigo de quien quiero serlo. Me puedo liar con chicos y puede pasar que después seamos conocidos, haya buen rollo entre nosotros y que no sea mi amigo». Mientras escuchaba a Álex recordé un momento durante una fiesta universitaria en un descampado de Valencia en el que me quería enrollar con Josep. Ahora soy consciente de que no lo quería hacer porque me invadiera una atracción repentina sino porque, en realidad, me sentía tan tranquilo y feliz a su lado que por qué no darle a nuestra amistad otro nivel de afecto. Josep, empapado de pies a cabeza por la lluvia que caía, me miró a los ojos y, con el rostro serio y los ojos llenos de ternura, me soltó un «cari, no va a pasar».

Así que miré a Álex y le di toda la razón porque, según lo he ido entendiendo y aceptando con los años, la relación que tenemos los maricas con el deseo debe ser motivo de orgullo y no de reprobación y de juicio moral. Históricamente, los maricones nos encontrábamos en bares lejos del ojo público y en parques de noche para evitar la inspección vecinal. Ahora nuestra socialización pasa por aplicaciones como Grindr y sigue en otras redes sociales, discotecas y otros espacios cotidianos. En todos ellos, el deseo está presente porque el deseo ha sido y es una forma de relacionarnos entre nosotros, de conocernos y de ponernos en contacto. Y eso no es una vergüenza. Eso es algo muy nuestro, algo propio de lo que podemos sacar pecho. Nuestra forma de aproximarnos al deseo ha provocado que no sea un tabú. Follamos con amigos o follamos con chicos que después pueden ser nuestros amigos y ese vértice de la amistad marica es precioso, es único.

Una de las preguntas que me venían a la cabeza mientras pensaba en la amistad entre maricas era si hemos asimilado algunos patrones de la amistad masculina patriarcal y si los repetimos entre nosotros. Si hablamos de lo que nos atraviesa y de cómo nos sentimos sin terror a ser juzgados. Si acaso escondemos nuestras debilidades y flaquezas. Si nos vemos como iguales o nos leemos como rivales. Si establecemos vínculos reales y duraderos o somos más compañeros que amigos. Si guardamos una lealtad sacrosanta al clan y si ese clan tiene sus propias normas y su propio reglamento al igual que lo tienen los *bros* (el famoso *bro code* o «código entre tíos»).

No tengo una respuesta clara porque no sé cómo funcionan todos los grupos, pero sí sé cómo me siento yo con mis maricas: no son solo mis colegas, son mis hermanos; mis compañeros de vida, de batalla y de camino. Nos contamos nuestros triunfos, nos escuchamos cuando alguno tiene un problema, nos acompañamos y nos damos cariño estemos atravesados por el dolor o exultantes de felicidad, nos abrazamos mientras peinamos nuestros traumas compartidos, nos curamos las heridas y nos ponemos pegatinas de brillantes en la cara para salir a la calle un poco más reinas. Cuando recorremos juntas la ciudad irradiamos luz, llenamos el espacio de alegría mariquita, de irreverencia sarasa y de efusividad bujarra.

Cuando empecé a aceptarme como maricón, a abrazar mi feminidad y a querer a mi cuerpo dejé de compararme no solo con mis amigos sino con cualquier hombre que vieran mis ojos. Ese duro y largo camino no lo hice solo, lo hice con mis amigas y con mis maricas. Mis amigos maricas se preocupan si me ven mal en la discoteca, me abrazan cuando leen en mi mirada que tengo una rayada importante, me sostienen si mi cuerpo está paralizado de miedo o si mi mente me autosabotea, me cogen de la mano para que sepa que ellos son mi lugar seguro, aunque el espacio en el que estamos no lo sea; y me abren la puerta de su casa para acurrucarnos juntos en el sofá los domingos. Con los amigos maricas lloro de tristeza o rabia y salto eufórico perdido. Con ellos hablo en lengua marica porque hemos construido un idioma propio que solo unas pedazo de mariconas como nosotras entendemos. Con mis amigos maricas tengo una sinfonía propia y una conexión mágica. Mi amistad marica no es masculina ni macha; es sencillamente marica, muy marica.

Amigas maricas

Hoy entiendo la razón por la que mi madre me decía «¿por qué solo vas con chicas? Tienes que ir con chicos también». Una madre quiere lo mejor para su hijo y esa fue su forma de protegerme. Estoy orgulloso y feliz de haberme rodeado siempre de chicas. Decir que mis amigas fueron mi salvación o mi forma de sobrevivir en mi infancia y adolescencia sería injusto, egoísta y pervertir mi propia realidad. No me hicieron ningún favor ni yo acudí a ellas por descarte ni desesperación. Nuestra relación nació de la autenticidad más pura, floreció de forma orgánica y se ha basado siempre en el entendimiento, la complicidad y el amor mutuo más poderoso posible. Con ellas no he tenido nunca miedo de mostrar mi yo más genuino y me he sentido siempre libre, seguro y cómodo. Con las amigas he descubierto que vivir a corazón abierto con alguien es lo que debería ser la definición de amistad. El apoyo, la compañía y el hogar que he construido con ellas se ha mantenido en algunos casos más de veinte años y por eso sé que mi amistad con mis amigas será eterna. A Anna fue a la primera persona de este mundo a la que le dije que era gay. Fui con Mari Reme y Marta a la escuela y a día de hoy mantenemos un contacto casi diario gracias al móvil y movemos con la Xiqui todo lo que haga falta para poder encontrarnos al menos dos veces al año. Después llegaron Julia, Raquel, la Galarza, Yasmín, Marina y muchas más que harían larguísimo este recital de nombres de amigas. He sido y soy una más con ellas. Aquel marica de ocho, doce y quince años que iba con chicas era sin ninguna duda el maricón más feliz del pueblo.

Ahora cuando recuerdo aquella frase de mi madre, pienso en Josep, Gerard o Álex y me sale una sonrisa. Por fin me junto con chicos, pero me junto con los chicos con los que quiero y no con los chicos con los que mi entorno esperaba que yo fuese. Con los años he aprendido también a crear relaciones de amistad con chicos heterosexuales basadas en la confianza y el aprecio mutuo, pero el núcleo de mis amistades está formado por mujeres y mariquitas:

las amigas que he hecho a lo largo de mi vida y la amistad con maricones que he construido en la edad adulta a base de imaginación, ganas y mirar a la cara a mis miedos. Disfruto poniendo en contacto esos dos mundos y disfruto viendo cómo se entrelazan, cómo se crean nuevos vínculos y cómo entre todas construimos una gran red de amigas maricas. Gracias a ellas lo que he aprendido a lo largo de mis treinta años es que el mejor legado que le puedes dar a alguien es una nueva amistad.

Mi familia de amigas maricas está desperdigada entre ciudades, siempre está conectada gracias a la conversación infinita e intermitente de internet, es pequeña pero está muy unida y cuando estamos juntas sabemos que estamos en casa. Que estamos más armadas, más llenas de vida y más guapas. Ahora cuando recuerdo aquella frase de mi madre, me siento orgulloso de tener a mis amigas maricas y, cuando le cuento todo lo que vivo con mis amigas y con mis maricas, ella me mira y me escucha feliz. Mari Carmen sabe que ya las he encontrado.

AMANDA

Maltita

MALTITA *es femme, bisexual, ingeniera y fuertecita. Sus formas favoritas de olvidarse de que el capitalismo existe son sus amigas, sus gatos y cocinar en ollas grandes. En sus ratos libres, entre otras cosas, escribe un blog en el que explica detalladamente que no tiene el coño pa farolillos: http://thefemmeurge.maltita.es/*

Amanda

Maltita

Te veo mejor en la oscuridad,
no necesito una luz.

Emily Dickinson

En cuanto vi a Amanda por primera vez en el patio del instituto supe que quería ser su amiga. En aquel momento no tenía palabras para explicar esa necesidad imperiosa de mirarla, de averiguar a qué olía, de acercar mis dedos a la piel de su cara igual que sentimos la pulsión de tocar las estatuas de los museos aun cuando sabemos racionalmente que es un sacrilegio, pero tenemos que convencernos de que los ojos no nos engañan y esas pieles lisas y carnes trémulas son mármol. No creo que los flechazos de amistad existan, ni siquiera los del amor, ni siquiera del deseo; los flechazos son embelesamientos repentinos, trampas involuntarias de la belleza que nos rodea y en las que a veces caemos y quedamos cautivadas, fascinadas, suspendidas en un baño etéreo en el que todos nuestros sentidos se saturan de sensaciones hermosas. Pensaba que quería ser su amiga, pero lo que yo realmente quería era que ese instante de verla por primera vez no terminara nunca.

Amanda parecía una estatua de una emperatriz bizantina, si en Bizancio hubieran existido las gafas. Llamaba la atención no solo por ser nueva en el instituto, aunque eso ya era bastante motivo en un pueblo en el que había dos institutos de secundaria. Era alta, afilada y de gesto serio y ligeramente arrogante, más adelante supe que era prácticamente ciega, así que no miraba a nadie porque solo veía borrones en movimiento. En aquel momento me pareció que esa arrogancia se debía a que era la chica más guapa del lugar y verse rodeada de aquella amalgama de zapatillas de muelles, camisetas de Iron Maiden engrisecidas y novatos de la

vida que habitábamos aquel rectángulo de ladrillo con rejas en las ventanas. Era demasiado
bella para nosotros. Además, vestía siempre de
negro y llevaba un buen número de pendientes
en las orejas, lo que la hacía la única gótica en
cinco kilómetros a la redonda y también con-
tribuía a ese efecto de arrogancia percibida.
Ella, como yo, había sido traída a ese lugar por
los azares laborales de la familia, pero yo había
salido de un confortable agujero en el suelo y
ella del bosque de los sueños. Fue la primera
persona fuera de una pantalla que al verla deseé con todo mi corazón ser como ella.

No recuerdo el momento en el que hablé con
ella por primera vez, ni cómo conseguí acer-
carme lo suficiente para acabar siendo parte
de su rutina. Nunca he sido tímida, pero supongo que la fascinación y la inocencia pro-
veyeron mi locuacidad para que me aceptara
cerca de ella. Nos buscábamos en los recreos
y, para mí, buscarla era la acción más natural
del mundo. Ella iba un curso adelantada porque era mayor que yo, pero la esperaba en la

puerta de su aula una vez sonaba la campana como un cachorrillo espera en la puerta del dormitorio al que sabe que no debe entrar. La miraba de espaldas, siempre en primera fila, encorvada sobre sus libretas o terminando de tomar apuntes de la pizarra con un diminuto catalejo. También usaba un colgante muy grande, en nudos de macramé con un cristal redondo, que resultó ser una lupa para leer el libro de texto. Cuando conocía a la profesora, me atrevía a entrar en la clase para acompañarla mientras recogía y fue así como supe que tenía una caligrafía bonita. Para mí, que no he sido agraciada con todas las conexiones neuronales ojo-mano y cuya caligrafía parece una caja de cerillas desparramadas, la gente con buena letra, con personalidad, reconocible, me parecía (y me sigue pareciendo) poco menos que bendecida con un don arcano. La suya no era la típica caligrafía de chicas de principios de los dosmiles, redondita y abultada que dibuja circulitos en los puntos sobre las «íes», no; su letra era amplia, clara, sencilla, ligeramente cursiva, con el palito de la «pe» recto, la «a» tipográfica y la curva de la «y» y la «ge» amplia y que a veces tocaba las letras altas de la línea de abajo. Pensé cómo sería mi nombre escrito por ella. Seguro que sonaba mejor, aunque la escritura no tenga sonido, estaba convencida de que con una caligrafía tan bonita y práctica como la suya, mi nombre, tan común y diría que aburrido, sonaría sólido y vibrante. Empecé a copiar esa forma de escribir esas letras. Cuando escribió mi nombre la primera vez no cambió nada en él, pero yo me sentí muy especial de todas formas.

La distancia de siglos y océanos que hay entre esa yo y la yo que escribe es tanta que he olvidado la continuidad de mi historia con ella. Solo quedan retazos que mi memoria decidió salvar de la limpieza previa a la mudanza, y Amanda es casi todo lo que conservo de esos años porque lo demás era desagradable e inútil, tan inútil que es mejor olvidarlo.

Otro de esos momentos iluminados fue el primer día que escuchamos música juntas. La música ya era una parte fundamental de mi vida, pero aún no había aprendido a descubrir mis intereses más allá de los heredados de mis padres, que aún conservo, pero he expandido. Fuera de ahí buscaba con sed el sonido que me hiciera vibrar, que no encontraba en *Los 40 principales* ni en la colección de cedés copias de copias de copias de vendedores de manta que tenía una amiga de la infancia. Ella había contado con más autonomía (y dinero) para explorar su propia música, y por supuesto que también la admiraba por ello, contemplaba sus discos como si me maravillara ante la colección privada de obras de arte de alguna marquesa austríaca. Todo me parecía excelente en mi situación de no tener ni puñetera idea de ni una de las bandas que veía ahí. Escogió un disco y, para no molestar a su hermana que estaba estudiando en la habitación de al lado, lo puso en su discman y me ofreció uno de los auriculares de cable diminutos que salían de él. El cable era corto y nos obligaba a estar muy juntas, y no sé por qué nos tumbamos

en el suelo. Hacía calor pero aún no era verano, el terrazo estaba fresco y su cuerpo estaba
muy pegado al mío, tan cerca que podía percibir un fino hilo del olor de su sudor que tan
pudorosamente disimulaba con desodorante
y perfume adolescente. Ni siquiera olía a al-
mizcle, era un olor muy dulce, como a fru-
ta muy madura, un poco pasada, a punto de
ser agria, pero aún no. Percibir ese olor fue
para mí como leer su diario, como entrar en
una intimidad que no estaba abierta a nadie,
pero también algo vergonzoso porque sabía
que ella hacía todo lo posible porque nadie
supiera a qué olía su sudor, y había vulnerado
esa privacidad sin querer. Nunca le conté que
olía muy bien debajo de todo ese perfume, fue
un secreto que me guardé para mí. Recuerdo
ese olor mejor que la forma de sus manos. Escuchamos el disco entero, tumbadas, en silencio, frescas, oliéndola sin querer, tranquilas, en
paz. Nunca había hecho eso con nadie antes.

Ahorré lo suficiente para comprar ese disco
aunque en realidad ni siquiera me gustaba

tanto, ni mucho menos lo suficiente para el esfuerzo que me supuso ese ahorro. Aun así lo intenté, lo escuchaba en mi cama, sola, para evocar aquella tarde, pero no había manera de repetir esa sensación. Dejé de escuchar el disco porque lo que yo esperaba de él no me lo podía dar. No tengo reproductor de cedés, pero ese disco sigue ahí, ya no es música, es un talismán. Es *This Left Feels Right* de Bon Jovi, un disco de versiones acústicas de sus propias canciones. Nunca me han gustado las versiones acústicas.

Tampoco recuerdo cuándo nos besamos la primera vez. Quizás todo empezó como un juego de confianzas en el que las amigas se saludan con un pico. Sé, seguro, que los picos los empezó ella. No recuerdo quién de las dos decidió alargarlo y transformarlo en mi primer gran beso con una mujer.

En aquella época teníamos un punto de encuentro de nuestra pandilla en un espacio público, esa cosa que nos robó la ley antibotellón

con la excusa de la higiene social. En esa esquina de tranquilidad, algo apartada, a la sombra,
con sitio para sentarse y con un kiosco cerca,
nos juntábamos tres o cuatro y a veces bebía-
mos una botella fría de tinto de verano durante
toda la tarde. Por supuesto, eso era más que
suficiente para achisparme, pero nunca más
que eso porque ser responsable es un mal vicio
que no he conseguido quitarme aún. Aquel día
se alargó hasta mi hora de vuelta, y ella me
acompañó a casa, porque ella era mayor, podía
volver tarde a casa y no tenía que mentir si había vuelto caminando sola, así que, además de
toda mi admiración, ella encarnaba mis ansias
de libertad. Me acompañó en silencio, se había levantado viento y movía las hojas de los
árboles, hacía fresco, las calles estaban tranquilas, estaba solo muy ligeramente borracha
y aquel paseo era el paraíso de los paseos de
vuelta a casa. Ni siquiera me cabía la posibilidad de desear que se alargara y deambular por
las afueras con ella hasta que nos cansáramos,
simplemente caminaba flotando sobre mi propio piloto automático, que menos mal que se

sabía el camino. Cuando llegamos al portal, me giré hacia ella para despedirme y lo siguiente que sentí es que nos estábamos besando. No tomé yo la decisión, pero tampoco creo que ella lo tuviera preparado. Simplemente nos miramos y nos besamos, como una extensión del saludo, como un gesto rutinario que de repente reparas en que haces y redescubres la emoción que te provoca pero que la costumbre te había hecho olvidar. Besarnos fue lo más natural del mundo en aquel momento, tanto como el viento que soplaba y las semillas de cinamomo que caían, tan inevitable como la gravedad, simplemente fue. No recuerdo tener pensamientos, ni siquiera se me dispararon las señales de alerta habituales que me habrían avisado de que podría vernos algún vecino, podrían verme mis padres, podría enterarse mi novio, o el suyo, o cualquier persona del instituto y terminar de joderme la adolescencia. Tardé un momento en tomar perspectiva de lo que estaba pasando; Amanda me besaba. Nada más en mi cuerpo respondió. No la abracé, no la aparté, estaba con los pies en el suelo y la cabeza llena de pétalos. Nunca se me había pasado por la cabeza besarla, ni siquiera en fantasías; creo que en aquella época no sabía que besarla fuera una posibilidad, tan lejana y hermosa la veía.

El beso, tal y como vino, se fue. El piloto automático me subió a casa, saludó a mis padres, tuvo una charla ligera y me acostó mientras yo trataba de encontrarme en aquellas olas de sensaciones bellas. Su boca sabía a chicle de menta y a sal de haber comido pipas, o quizás era el sabor de la mía. No sé en qué estaba pensando cuando me quedé dormida. Al día siguiente no pasó nada. Ella no mencionó el asunto y yo tampoco, por si acaso había sido un sueño.

No fue el último. Durante ese tiempo hubo besos y caricias que propasaban lo que se entiende habitualmente como términos de una amistad, sin que ninguna de las dos sintiera la necesidad de restablecer esos términos. Esas formas de intimidad física solo seguían el camino de nuestra intimidad emocional, que era completa. Qué era besarse al lado de compartir los secretos más profundos, sino otra forma de expresar que esos secretos serán recibidos con cariño y atesorados. Qué era bajarnos las bragas comparado con contarnos los miedos más irracionales, sino otra forma de reconfortarnos. Nunca hizo falta hablar; simplemente a veces pasaba. No le debíamos explicaciones a nadie, ni siquiera a nosotras mismas.

Nos separamos cuando ella se mudó a otra ciudad a estudiar en una universidad adaptada. Espaciamos las llamadas, ella dejó de avisar cuando venía de visita. Nos distanciamos de la misma manera en la que nos unimos, inevitable, orgánicamente, después del invierno viene la primavera. No recuerdo la última vez que la vi porque no sabía que era la última. No recordar la última vez que hablamos encaja bien con no recordar la primera. Amanda ha dejado de ser una persona y se ha convertido en algo bello que me pasó. Espero que esté bien.

Aún hoy deseo ser como ella. Han pasado muchos años y sé que la memoria no es una captura de la realidad, sino un juego del teléfono en el que nosotros somos nuestro propio filtro, y conforme el tiempo y la experiencia nos modela, también cambia la manera en la que distorsionamos nuestros recuerdos. Esas distorsiones hacen que descartemos recuerdos desagradables, embellezcamos los hermosos, nos centremos en las lecciones que hemos aprendido de cada experiencia y nos sirvan para procesar las siguientes. Una memoria despojada de la emoción que le da forma haría de nuestras vidas un lugar mucho más gris, la emoción es la montadora de la película de nuestra existencia. Sigo queriendo ser como la imagen que conservo de ella: marmórea y hierática a primera vista, cálida y floreciente en la intimidad que llegamos a tener. También me pregunto qué imagen conservará ella de mí; ¿llegó a ver mi cara tal y como es cuando me miraba antes de besarnos?, ¿la forma de mi cuerpo leída con sus manos es la misma que la que veo yo en el espejo?, ¿llegó a oler el pelirrojo de mi pubis antes que a verlo?, ¿me consideraría guapa desde su mirada? Su forma de ver y mi forma de ver son distintas, la persona que soy y la persona que recuerda también lo somos. Me pregunto quién seré una vez filtrada por el tacto, el olor, el sabor y el sonido. Me pregunto quién seré filtrada, además, por estos años.

No es justo para ella hablar desde media vida de distancia, pero me reservo el derecho a atesorar su recuerdo tal y como es ahora, como una ensoñación, idealizada e intocable, siempre y cuando, si me reencuentro con ella, no espere que alcance los altares a los que la he elevado. Nunca nada es tan sublime como hemos imaginado que es, y por eso solo podemos encontrar lo sublime donde no lo esperamos. En el fondo espero no volver a vernos nunca, quedarme con la imagen perfecta de mi cabeza, sin tener que incorporar a ella que a lo mejor no era tan alta, o ahora viste de beige, o se ha casado y tiene tres hijos que van a un colegio concertado. Gracias a ella aprendí mucho de mí misma, pero sobre todo me ha servido el poso que ha dejado en mí, para conocerme a mí, para construir la forma en la que amo y deseo a las mujeres. Su recuerdo me ha servido para seguir explorando, años después, y eso es algo que probablemente ella en persona no habría podido o querido hacer.

Nunca llegamos a hablar del deseo entre nosotras. No sé si sentía lo mismo por mí, no sé si ahora se considera hetero, bisexual, lesbiana, si aquellos besos eran un juego, una exploración o una mezcla de las dos cosas en un entorno lo suficientemente cómodo para preguntarse a ella misma si sí o si no. Tanto me da. Fue precioso que pudiéramos crear esa complicidad en la que permitirnos la curiosidad sin juicios, sin promesas y sin reclamaciones. La exploración, romántica, sexual, táctil, es en sí un regalo que no necesito empañar con preguntas sobre si «significó algo», esa trampa verbal que hacemos cuando nuestra inseguridad asoma y queremos saber si la vulnerabilidad es compartida o no. Nos da vergüenza ser vulnerables a solas. Si para ella fue un juego que ya pasó y no significó nada más no resta ni un ápice de importancia a que para mí sí fuera un pilar fundamental en mi aprendizaje romántico. Tengo mi recuerdo, no necesito su reciprocidad. Si ahora supiera que se ha olvidado por completo de mí, la intimidad y la ternura que compartimos entonces seguiría siendo tan íntima y tierna como la dejamos. Yo tuve mi espacio para hacerme preguntas y mi respuesta fue sí, y ella tuvo el mismo espacio y todo el derecho para que la respuesta fuera no.

Esto no deja de ser un proyecto egoísta. No sé escribir sobre nada que no sea yo, y en este relato me voy narrando a través de los reflejos de Amanda que quedan en mí. Seguramente, si supiera escribir sobre algo más, no me daría tanto pudor dejar mis escritos en público, porque no deja de ser una exposición personal con algún filtro de Instagram que alisa la piel y retoca los labios. Como no tengo la imaginación suficiente para inventar historias, no me queda más remedio que fantasear sobre la mía, apoyándome en las personas que han pasado por aquí. Este relato no es sobre Amanda, es sobre su influencia sobre mí, sobre cómo nuestra amistad ha construido la forma en la que hoy me relaciono con mujeres, y si estos recuerdos son hermosos y cálidos es porque mi cerebro así lo ha decidido, nada más.

Este relato va sobre redescubrirme, sobre haberme entendido muchos años después, sobre traducir al lenguaje del presente los garabatos del pasado, sobre mirar a mi yo adolescente y sonreírle con la calma adulta de saber lo que estaba pasando y que yo, en aquella inocencia, no era capaz de comprender. Yo estaba enamorada de Amanda, pero no lo sabía, y eso me permitió no ejercer el aprendizaje social que fuerza a separar el amor de la amistad. Escuchar música compartiendo auriculares, caminar cogida de su mano, retocarle el maquillaje cuando ella no lo veía bien eran maneras de amarla, amarla como una amiga, pero amarla en definitiva, y si en aquel momento me hubiera dado cuenta de ello lo más probable es que lo hubiera estropeado todo, porque no sabía amar a mujeres en aquel momento. Ese amor no era incompatible con que ella y yo tuviéramos parejas en ese periodo, porque ella ocupaba espacios que los muchachos de entonces no sabían alcanzar, y porque por aquel entonces la monogamia ya me parecía una estupidez. También, escribiendo esto, me he dado cuenta de que eso fue así porque la feminidad y la masculinidad ocupan espacios de mi amor y mi deseo distintos. Fetichizo la masculinidad, pero me siento más cómoda alrededor de la feminidad. Tardé años en darme cuenta de que mi única manera de desear no era el tirón de ombligo inmediato que me hacía sentir el novio jugador de rugby de ojos verdes que tenía entonces, sino que también era deseo esa necesidad de admirar la belleza, de cerca, muy de cerca, tan de cerca que pudiera besarla, y de que me envolviera como una gasa de seda. Mi deseo por la feminidad no es el estallido, es la marea atlántica en la luna llena que cuando te das cuenta ha devorado la playa, pero me costó tiempo perderle el miedo y dejarme llevar por esas corrientes que nunca nadie se molestó en explicarme cómo navegar. Por seguir con la metáfora, cada vez me atrevía a entrar más hondo en el agua, hasta que un día me dejé flotar y dejé que el océano me llevara hasta las sirenas que siempre dicen la verdad. No hay que temer a la verdad cuando se quiere ser honesta con una misma.

Tardé mucho tiempo en ser honesta conmigo misma. Aun después de ella seguía creyendo que era hetero, me definía como tal, porque en mi entorno no había espacio para la bisexualidad y en mi cabeza aún no se había creado esa posibilidad. Al no sentir los deseos y amores de la misma forma, me cerré a mí misma la puerta, el derecho, de dar espacio a ambos en mi propia emoción. Al no tener nadie de quien aprender, el que me gustaran los hombres descartaba que me gustaran las mujeres, tal y como me habían enseñado. Me faltaban herramientas para entender lo que había pasado y todo era más hermoso así, sin analizar nada, dejándolo estar y quedándome con lo bello. Seguí besándome con amigas achispadas, seguí metiendo la cara entre sus piernas y seguía diciendo que era hetero, porque el deseo entre mujeres no se toma en serio, y si es el deseo de una mujer que también desea a hombres, entonces aún menos, y si eres tú la mujer que desea a hombres, todavía menos. Han tenido que pasar muchos años para poder mirarme con ternura y ver lo que la experiencia me ha enseñado; amaba y deseaba a mis amigas, porque eran fantásticas, pero también porque eran el entorno seguro en el que podía expresar ese deseo sin que nadie me hiciera preguntas que no sabía responder.

QUELOIDE

María Folguera

MARÍA FOLGUERA *(Madrid, 1984) es escritora y gestora cultural. Autora de tres novelas publicadas y obras de teatro como* Safo *(junto a Christina Rosenvinge y Marta Pazos para el Festival de Mérida y el Festival Grec),* Picasso (rey, monstruo y payaso), Elena Fortún *(Centro Dramático Nacional)* o La guerra según santa Teresa *(Festival de Otoño de Madrid, publicada en Continta Me Tienes). Desde 2018 hasta 2023 ha sido directora artística del Teatro Circo Price de Madrid.*

Queloide

María Folguera

La cicatriz podía haberse hundido como una línea oscura, cada vez más discreta. Pero no. Se inflamó y ha tomado la forma de una cordillera. Inevitable pasar el dedo y tocar el borde, ¿duele? No duele, eso es lo curioso: está viva pero no duele, y eso que es la reencarnación de la antigua herida. Solo a veces, con la lluvia, hormiguea como espuma de gaseosa, como alfilerito escondido en el pliegue de una manta. La cicatriz advierte. La cicatriz sabe.

Porque cumplimos cuarenta años, proliferan las cicatrices. Las amigas antes jugábamos a ser siamesas, nuestras pieles se unían en caricias y masajes de pies y un flujo continuo de mensajes moleculares que viajaban de una oreja a una boca y de un lacrimal a una fosa nasal que se dilataba en plena carcajada. Las amigas nos considerábamos construidas de forma adyacente, gemelares en vida laboral, sentimental, familiar. Por aquí las decisiones, por allí los fracasos; la experiencia nos atravesaba con la misma intensidad y estábamos preparadas para afrontarla sin dejar de ir a la par. Las sacudidas nos retarían al unísono, y el apoyo mutuo nos haría más resistentes. Confiábamos.

Pero ha habido agravios entre nosotras. Quizá porque cumplimos cuarenta; quizá porque venimos de una pandemia mundial que impuso restricciones y cortó esa sociabilidad fácil que antes nos permitía ir quedando, ir desahogando en pequeños gestos, críticas, distancias. Últimamente no: de repente había que escoger cuatro personas para pasar la tarde con toque de queda y se hacía imperativo decidir, ¿elijo a esta o a otra? Parecíamos cansadas, no tan dispuestas a –y sobre todo, que no se podía– dejarnos llevar hasta las tres de la mañana. De repente las cosas eran instantáneamente fastidiosas. Una fatiga pospandémica que ha cercenado la foto de grupo. «No queda títere con cabeza», le dije hace poco a mi psicóloga, cuando repasábamos el estado anímico-amistoso general.

Cada una de nuestras terapeutas puede atestiguarlo: desde niñas nos hemos comportado de forma recurrente hacia cierto tipo de personas. Darse cuenta nos da esperanzas de progreso. Se supone que tomar conciencia es un primer paso, y luego va otro. ¡Acción! Hay que sanear. Se acabó la épica sentimental; no era verdad aquello de que latíamos al unísono, gemelas siamesas como chaletitos adosados; no; éramos más bien vecinas insatisfechas con las formas del refugio que nosotras mismas habíamos soñado, deseado, imitado, replicado, quién sabe ya cómo empezó todo. Ahora queremos emanciparnos de nuestras relaciones, queremos probar a no actuar como siempre en el reparto de roles donde una es graciosa, otra es analítica, una es aguerrida, otra es cuidadora. Basta de tazas de café con corazones dibujados en la espuma, y de copas de vino para la angustia premenstrual. Basta de sofá y manta y de agarrarnos de la mano mientras lloramos. Basta de fiestas, de mensajes de audio resacosos, basta de chismes, basta de sostén moral. Ya no confiamos en que aquello acabará bien. Hay que intervenir para separar a las siamesas, con la técnica de una conversación inevitable a modo de bisturí.

Cuando llegó el momento, en una cafetería tranquila, con la verdad expuesta sobre la mesa –este discurso fue ensayado previamente ante la terapeuta– una de las dos se hizo la ofendida. Pero en seguida tuvo la dignidad de admitir que aquel malestar era una responsabilidad compartida. Malestar, responsabilidad, comunicación: la inversión en lecturas y psicóloga daba el fruto, por lo menos, de una conversación civilizada. Después del tajo quirúrgico se aplicaron algunos mensajes y emoticonos a modo de gasa desinfectante. «Me alegro mucho de que hayamos hablado. Te agradezco la escucha». Un corazoncito negro como un chorro de Betadine. Póntelo aquí, en medio del sábado noche, cuando la añores.

Pero no sabíamos si queríamos una ruptura o no; de hecho, argüíamos, una conversación honesta no tiene por qué acabar en separación. Quisimos demostrarlo. Ligeramente optimistas tras el éxito de la conversación franca y adulta, nos tanteamos un par de veces para hacer planes, pero la otra nunca podía. Así, hemos reducido las pretensiones de intimidad. Está dicho: nos queremos y deseamos lo mejor, pero seguramente ya no somos amigas. Nos preguntamos cortésmente qué tal ha ido el fin de semana y cómo se encuentran nuestros respectivos padres y madres, aquejados de ansiedad o microinfartos o lumbalgia. Nos contestamos, estamos más o menos al día de los acontecimientos más trascendentes: te mando mi nuevo artículo, te invito a mi estreno. Más emoticonos de sonrisas y ramos de flores. No, ya no podemos ser amigas porque no confiamos la una en la otra.

¿Qué fue lo que revelamos en aquella conversación que tan eficazmente cortó los tejidos que nos conectaban?

Esta cicatriz no se ve. El bikini la oculta. Y las mangas largas del jersey. Esta cicatriz hormiguea cuando alguien dice, «La vi el otro día por la calle», y cuando aparece tu foto de perfil en forma de glóbulo, flotando sobre mi última foto en stories de Instagram; me has visto, es más: te has asomado a verme. Quieres verme, pero de lejos. Te gusto, pero no confías. No quisimos una pelea a la vieja usanza, de esas de cambiar de acera o girar la cabeza para no coincidir, pero a cambio nos vigilamos. Los cuarenta años han acabado siendo como una torre de control panóptico en la que vigilas todas las distancias trazadas entre las antiguas amigas, los familiares, las exparejas. Con tu muñeca cicatrizada anotas en el registro cotidiano qué han mostrado los demás en redes sociales y a quién no vas a avisar de tus próximos movimientos.

Qué fantasía sería cabrearse y no hacerse cargo, qué gusto mandar a tomar por culo a alguien y enfadarse sin más. No enumerar las razones por las que estás agradecida de haberte cruzado en mi camino, sino abandonar el camino: correr campo a través, entre los cardos pinchudos, en busca de otra carretera. Mudarse a Londres, a Nueva York, a París, ¿eso todavía se hace? No, con cuarenta no. Se hacía a los veinte. Yo también estoy aquí en una torre panóptica, absolutamente consciente de los grados de separación contigo, con esta y con la otra. Organizo mi próximo cumpleaños y diseño los turnos para que las agraviadas no se crucen; de dos a cuatro comeré con estas, y de ocho a diez veré a las otras, y seguramente murmuremos de reojo hacia el otro turno, «¿la has visto últimamente?, ¿qué tal está?». «Está bien, está mejor, eso dice». El motivo de esta interdependencia disimulada es uno: los cuerpos se vigilan porque aún codician aquel tesoro enterrado. Los ataques de risa, los labios pintados, el pijama, la visión de la nuca de una cuando la otra viajaba en el asiento de atrás. Con cuarenta años todavía consideramos la posibilidad de que aquellas delicias vuelvan a refulgir.

Aquí en mi torre de control panóptico he visto, como cada año, *Los amigos de Peter*. Es una película de 1992 y está escrita por Rita Rudner, y dirigida por Kenneth Branagh. En *Los amigos de Peter* el Peter del título ha invitado a su antigua pandilla del grupo de teatro de la universidad a celebrar la Nochevieja. Todos tienen treinta años. Sus peleas como amigos todavía no provocan cicatrices: moratones a lo sumo. Se recuperan rápido. Una está frustrada porque busca el amor, otro es alcohólico e infeliz en su matrimonio, otra tiene pánico al compromiso, otros están muy tristes porque ha muerto su bebé. Y luego está Peter, que cuando dan las doce anuncia que es seropositivo. Todos se quedan consternados y a continuación se retractan del despliegue de vilezas de los días anteriores, se dan cuenta de que no siempre serán unos treintañeros motivados por el estatus y el cinismo. Se piden perdón. Esta es la parte que siempre me conmueve. Porque en otros aspectos la película envejece con peor fortuna; cuesta mucho entender cómo se supone que son amigos íntimos desde hace una década pero nadie tiene ni idea de si Peter es gay –luego piensas, «a lo mejor es una cuestión cultural, a lo mejor los ricos ingleses ven normal esto»–; y las mujeres de la peli hacen esas cosas típicas de la comedia noventera de llorar mientras toman helado y luego una le cambia la imagen a otra y le moldea el pelo y depila las cejas y entonces ya mágicamente el patito feo convertido en cisne echa un polvo fabuloso con el primer efebo que se cruza, y todo en el intervalo de seis horas. Pero, lo importante: se piden perdón. Borrachos, disgustados, hundidos en el sofá de las 0:00 de la noche del uno de enero, se piden perdón. «Lo siento, Peter. Te quiero». Y todavía tienen una década por delante para confiar en ellos mismos, en la amistad y en el grupo. En la Nochevieja de 2002 seguramente las grietas de la desconfianza ya habrán resquebrajado la mansión entera, y es posible que Peter haya muerto.

Nosotras, afortunadamente, no tenemos ninguna noticia drástica que dar. No es medianoche ni empieza un nuevo año, y no tenemos una enfermedad que en 1992 mató a 3.477 personas en España. Pensamos que la otra está bien. Lo que nos separó en aquella conversación no fue tanto lo que se dijo como la evidencia de que ya no tenía remedio.

Hay otra película que veo a menudo, aquí en mi torre de control panóptico. También tiene una mansión y una fiesta que no sale según lo previsto; se llama *Historias de Filadelfia*. En esta los protagonistas también tienen treinta años recién cumplidos. Tracy Lord (Katherine Hepburn) y C. K Dexter Haven (Cary Grant) se divorciaron después de un tóxico romance, y en la trama que nos ocupa Tracy está a punto de casarse con un segundo marido, mientras C. K Dexter Haven se pasea por la casa con la familiaridad de quien conoce dónde está la piscina y qué broma puede hacer a su exsuegra. La noche antes de casarse por segunda vez, Tracy se pone hasta arriba de champán y baila, baila, baila con un tercer hombre, Macaulay Connor (James Stewart). Tracy y Macaulay giran enlazados hasta la madrugada, y entonces deciden bañarse en la piscina. James Stewart le susurra a Katherine Hepburn «*Tracy, you're tremendous*» con una mirada de deseo que pocas veces le hemos visto a Jimmy –que normalmente suele encarnar personajes muy cívicos–, y cuando corren hacia la piscina te dan ganas de salir detrás de ellos, descalza por el césped. Luego, él, en albornoz, la acuna en brazos, canturrea *Somewhere over the rainbow* y ella se duerme. C. K/Cary Grant se cabrea y le da un puñetazo a Macaulay/Stewart. Al final todo el mundo siente que no es necesario dar demasiadas explicaciones, y C. K/Cary Grant y Tracy/Katherine Hepburn se casan inesperadamente. En esta película las relaciones aún pueden ponerse a prueba sin miedo a incurrir en el abuso una y otra vez, porque tienen treinta años. Se divorcian, se pelean, se enrollan, se emborrachan y al día siguiente aún tienen energía para repetir. La película es de 1940. En 1950, cuando cumplan cuarenta años, C. K/Cary Grant y Tracy/Katherine Hepburn estarán exhaustos de alcohol y violencia. El personaje de James Stewart estará muy resentido con C. K por aquel puñetazo y por la asimetría de clase en su amistad. Pero a los treinta recién cumplidos todavía creen en el final feliz con restitución del orden.

En el centro del panóptico, con las cicatrices visibles mientras pulso botones, palancas y mandos, mi mirada sobrevuela distintas pantallas de vigilancia. Veo lo que hizo ayer una amiga, lo que no hizo la otra; veo también la escena del champán en el jardín de *Historias de Filadelfia*, la canción de *Los amigos de Peter*. Voy a tomarme un descanso como si fumara. Salgo de mi propio edificio y observo la línea del horizonte, allí donde se dirige un campo de miles de cardos pinchudos, el terreno que yo podría atravesar para liberarme de mi propia construcción. Luz radiante de mediodía.

La dermatóloga dijo que el sol, sobre la piel, era antiinflamatorio. No como la noche, el reino de las revelaciones ardientes, la epifanía que impulsa un final más amargo o más feliz. A los treinta años: un abrazo de amigos, una boda. A los cuarenta: rumor átono, cielo muy azul y tierra áspera de miles de plantas pinchudas como pequeñas experiencias. Me consuela pensar que los cardos de este paraje están cargados de semillas. Voy a cortar un ramillete y enviártelo con una nota atada a una cinta: «Espero que estés bien. Te quiero mucho».

Alguien me ha prometido que los cincuenta son la mejor edad, porque las cosas ya no requieren de una cirugía profunda. El mayor esfuerzo, se supone, está hecho; las distancias no quitan el sueño y aún podría existir la promesa de una noche de piscina y champán y un desconocido que arrulle *Somewhere over the rainbow*. En algún sitio, más allá del campo de cardos, existen los cincuenta años de edad. ¿Nos vemos allí, amiga?

Colección La pasión de Mary Read

EL POLIAMOR
ES HACERLE
SALMOREJO A
TUS AMIGAS.

Este el libro se mandó a imprimir el 25 de enero del 2024, coincidiendo con el nacimiento hace 142 años de la escritora británica Virginia Woolf.